# ОТКРЫВАЕМ
# ЗОАР

## (БУКВЫ)

УДК 130.12
ББК 87
Л18

**Лайтман Михаэль**
Л18   Открываем Зоар. Буквы. — М: НФ «ИПИ», 2023. — 192 с.
**Laitman Michael**
Otkryvaem Zoar. Bookve. — M: NF «IPI», 2010. — 192 pages

ISBN 978-5-91072-021-7

Мир книги «Зоар» полон тайн и зашифрованных символов. Казалось бы, она не говорит о нашей жизни, но люди, прикоснувшиеся к этой книге, понимают, что на самом деле нет в мире повествования, более близкого человеку.

Человек - это целый мир сил и свойств, мир желаний, полный мудрости и милосердия. Книга «Зоар» - это карта, без которой человек заблудится в этом многогранном, бесконечном мире.

Новая серия книг под общим названием «Открываем Зоар» выходит для того, чтобы помочь пользоваться этой картой, оставленной нам великими каббалистами прошлого.

Оригинальный текст Бааль Сулама выделен **жирным шрифтом.**
Комментарии М. Лайтмана приводятся непосредственно под текстом оригинала.

УДК 130.12
ББК 87

ISBN 978-5-91072-021-7      © М. Лайтман, 2023

# Оглавление

Высшая мудрость ................................. 4
Две точки ............................................26
Буквы рабби Амнона Саба, ч.1 .............53
Буквы рабби Амнона Саба, ч.2 ..............65
Буквы рабби Амнона Саба, ч.3 ..............80
Буквы рабби Амнона Саба, ч.4 ...........107
Кто создал это (по Элияу)....................120
Объяснения каббалистических
 терминов ........................................144
Международная академия каббалы ....154

# Высшая мудрость
## (п.40)

*Как можно продвигаться к неизвестному? Если ясны исходное и конечное состояния, — значит, они во мне уже существуют, и я только реализую их, перехожу из первого состояния во второе. Но это не означает, что я расту. Движение к известному состоянию является лишь накоплением, а не обретением нового.*

*«Рост» означает, что я собираюсь приобрести совершенно новое состояние, стать тем, кем еще не являюсь.*

*В науке каббала эту проблему разрешают с самого начала: поднимись выше и оттуда постигнешь силу, которая тебя создала, которая управляет тобой и проводит через все переживаемые тобой состояния.*

*Каббала объясняет тебе структуру мироздания, объясняет, каким образом оно было создано, объясняет, каким образом создан и устроен ты, и что, исходя из своего устройства, ты свои внутренние ощущения — принимаешь за внешние, якобы существующие в том призрачном мире, который ты принимаешь за окружающую тебя реальность. Это наука, которая логично, поступенчато связывает твое восприятие реальности с тем, что в действительности происходит с человечеством, и вообще со всем творением, исходя при этом только из взаимодействия двух сил: силы* желания в каждом из объектов, и воздействия на это желание Высшего света, или наслаждения, — как меняется желание под воздействием наслаждения.

*Вот, в принципе, вся наука.*

*Причем, нет ни «боженек», ни «отмаливания грехов», ни «аз воздам» — ничего этого нет, а есть абсолютно четкий, трезвый подход. Каббала, с одной стороны, не предлагает ни бонусов, ни медалей, а с другой — не ставит перед тобой никаких условий, не призывает тебя ни к каким ограничениям. То, что увидишь, то, что завоюешь, — будет твое.*

*Но проверки — это за тобой. Не верь. Сама каббала говорит об этом: «Никому не верь, в том числе и ей самой». Ты не должен верить — ты должен на себе ее проверить, ты должен на себе ее реализовать.*

*— Почему я должен знать? — Ты ничего не должен знать,*

*— Почему я должен?.. — Ты никому ничего не должен. Проверь! А тот, кто приходит и просто слушает и верит, тот не продвигается. Продвигается именно тот, кто до всего желает докопаться сам.*

*Как видишь, очень жесткий подход: работаешь — получишь, нет — так нет. Никаких протекций нет ни для кого. Вход свободный, но и выход тоже.*

*Мы с вами находимся в маленьком, животном, эгоистическом состоянии против абсолютно совершенного Творца, то есть совершенной, вечной, незыблемой силы природы. Никакие изменения в ней происходить не могут. Все изменения происходят только в нас, «благодаря», так сказать, нам: если я меняюсь в подобие Творцу, — значит, я буду себя чувствовать лучше; если отстаю от этого своего движения, — значит, я буду чувствовать себя хуже. А Творец, поскольку Он — Абсолют, находится относительно нас в состоянии абсолютного покоя, и поэтому все наши крики, плачи, молитвы, стенания — все они обращены в пустоту...*

*Мы вошли в глобальный мир, поэтому все сегодняшние и последующие проявления нашего несоответствия Творцу будут проявляться не так, как в прошлом — в отдельных людях, в отдельных семьях или в отдельных народах, — они будут проявляться все более и более глобально. Мы должны понять, что наше время — это время всеобщего, глобального исправления: мы должны все вместе прийти к нашему общему знаменателю — к Творцу, к подобию Ему.*

*Все, короче говоря, зависит только от нас, и нам надо очень осторожно относиться к происходящему. Сегодня любая, казалось бы, местная, локальная проблема таковой не является. Она отразится во всем мире, она глобальна, и решать ее надо с глобальной точки зрения, то есть с точки зрения нашей всеобщей ответственности. Мы не должны никого обвинять, потому что каббала вообще никого и ни в чем никогда не обвиняет. То, что произошло, должно было произойти, а все, что впереди, — это зависит от нас.*

*Так что будем надеяться, что мы с вами сможем сами правильно реализовать науку каббала, и, кроме того, расскажем всему миру, как это делается, для того чтобы привести весь мир к равновесию, к совершенству, к безопасности. Возьмемся за распространение каббалы и за собственное исправление. Только этим мы изменим мир. А все, что было до сего момента — оставьте. Начните с белого листа.*

Итак, статья «Высшая мудрость» (всего лишь один параграф в этой статье).

**40. Спросил рабби Юдай: «Что означает слово "БЕРЕШИТ"»?**

**Это мудрость, на которой стоит мир, Зеир Анпин, дабы войти в высшие скрытые тайны, то есть в свет Бины. И здесь находятся шесть высших больших свойств, ВАК де-Бина, из которых выходит все. Из них же создались шесть источников рек, ВАК де-Зеир Анпин, нисходящих в большое море, в Малхут.**

**Слово «БЕРЕШИТ» состоит из слов «БАРА» (создал) и «ШИТ» (шесть), то есть создал шесть свойств. Кто создал их — тот, о котором не упоминают, скрытый и неизвестный, Арих Анпин.**

**Спросил рабби Юдай** (имя «Юдай» от слова «знание»): **«Что означает слово "БЕРЕШИТ"»?**

«БЕРЕШИТ» (в начале) — это слово, с которого начинается Тора.

**Это мудрость, на которой стоит мир** (то есть слово «БЕРЕШИТ» олицетворяет собой ту мудрость, ту силу, на которой стоит мир), **Зеир Анпин, дабы войти в высшие скрытые тайны, то есть в свет Бины. И здесь находятся шесть высших больших свойств,**

**ВАК де-Бина, из которых выходит все. Из них же создались шесть источников рек, ВАК де-Зеир Анпин, нисходящих в большое море, в Малхут.**

Он говорит, что существует система – система! а не какое-то свойство, – которая называется «БЕ-РЕШИТ».

Эта система определяет собой мудрость. Мудрость – это Хохма.

Из свойства мудрости нисходит свет в свойство милосердия. Милосердие – это Бина.

Из этого свойства нисходят шесть рек, шесть источников. – это Зеир Анпин, которые, в свою очередь, входят в Малхут.

А в Малхут поднимаются снизу души.

Вот эта система и называется «БЕРЕШИТ», с этого только все начинается.

Слово «БЕРЕШИТ» состоит из слов «БАРА» (создал) и «ШИТ» (шесть), то есть **создал шесть свойств** (6 источников).

Кроме того, БЕРЕШИТ – это: «БЕ» (с) и «РЕШИТ». «РЕШИТ» – это Хохма. То есть: «Создал с мудростью шесть свойств».

**Кто создал их** – а создал их **тот, о котором** ничего не известно, и называется он Арих Анпин.

Арих Анпин — буквально «длинное лицо». Имеется в виду не длинное лицо, которое мы можем увидеть, допустим, в «кривом зеркале», — имеется в виду большая мудрость или Хохма. Свет Хохма, как мы знаем, распространяется сверху вниз, поэтому и существует понятие «высокая мудрость».

В то же время свет милосердия, свет Хасадим, распространяется вширь, поэтому мы и говорим о «широком сердце».

Прочтем еще раз.

**Спросил рабби Юдай: «Что означает слово "БЕРЕШИТ"»?**

**Это мудрость, на которой стоит мир, Зеир Анпин** (смотри чертеж), **дабы войти в высшие скрытые тайны, то есть в свет Бины.**

Почему он говорит: «дабы войти»? Потому что он говорит о душах, которые поднимаются в Малхут и через шесть источников, нисходящих из Бины в Зеир Анпин, получают свет Бины – свет Хасадим.

**И здесь находятся шесть высших больших свойств, ВАК де-Бина** (шесть низших частей Бины, которыми она воздействует на Зеир Анпин), **нис-**

**ходящих в большое море, в Малхут** (Малхут имеет очень много названий, одно из них — море).

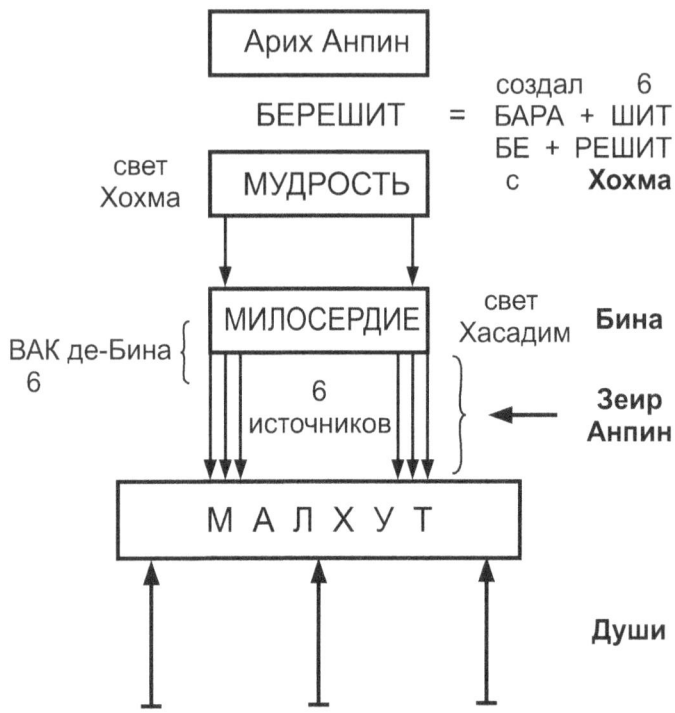

Арих Анпин — это система, которая руководит нами. Она очень часто упоминается и в книге «Зоар», и во всех остальных источниках. Поэтому мы просто обязаны разобраться в ее устройстве.

Из мира Бесконечности (обратимся к чертежу) нисходит Высший свет.

Проходя через мир Адам Кадмон, Высший свет разлагается на пять составляющих, пять светов: нефеш, руах, нешама, хая, йехида — НАРАНХАЙ. Каждый из них, согласно «Закону обратного соответствия светов и келим», находится в определенной части этого мира. Как и любой духовный объект (не лишне это напомнить), мир Адам Кадмон состоит из пяти частей: Кетер, Хохма, Бина, Зеир Анпин, Малхут.

Далее свет проходит через табур и попадает в мир Ацилут.

В мире Ацилут, сразу под табуром, находится парцуф Атик. Но он еще не относится к миру Ацилут, а является буферной системой, которая связывает то, что находится над табуром, и то, что находится ниже его.

А затем идет парцуф Арих Анпин.

Арих Анпин (как обычно) — это: Кетер, Хохма, Бина, Зеир Анпин и Малхут.

На арамейском Кетер — это Китра, а Хохма — Моха стимаа. Моха — это «моах», то есть Хохма, а стимаа — это «скрытая», «замкнутая», «сжатая», потому что Хохма — по собственной инициативе — не раскрывается.

Все, что находится ниже, покрыто, своего рода, пленкой — крума де-авира (воздушное покрытие). Она создана специально для того, чтобы совершенно отделить две верхние части, называемые ГАР де-Арих Анпин, от того, что будет под ними. Таким образом, у нас нет возможности, что называется, напрямую связаться с этой системой, у нас нет возможности самостоятельно постичь ее.

Непосредственно под пленкой находится Бина. Бина, сама по себе, не нуждается в свете Хохма, потому что она — «хафец хесед» — абсолютное милосердие, свойство абсолютной отдачи. Поэтому она не ощущает оболочки, изолирующей ее от ГАР де-Арих Анпин, поэтому-то она может связаться с Хохма и наполнить светом все остальное творение.

В чем заключается наша задача? Наша задача заключается в том, чтобы через Малхут и Зеир Анпин поднять наше желание, нашу просьбу, в Бину, вынудить Бину получить что-то от Хохма, и тогда то, что в результате наших призывов получит Бина, то в итоге получим и мы.

Наше желание, наша просьба, которую мы поднимаем в Бину, называется МАН. МАН – это «мей нуквин» (женские воды). Мы не будем сейчас разбираться в физиологии и, вообще, в том, что происходит в наших организмах. Нам интересна внутренняя система мира Ацилут, а не то, как это отзывается на строении наших тел.

Так вот, в чем заключается подъем, так называемых, «женских вод»? «Женские» – имеется в виду Малхут, желание наполниться; «вода» – это свойство Бины, которое присутствует и в Малхут. Желания поднимаются в Бину, Бина их воспринимает, поднимается в Хохму, берет ее свет и проводит обратно к нам.

Таким образом, связь с системой ГАР де-Арих Анпин осуществляется только через Бину.

*Наш мир, как единое духовное тело, развивается и проходит исправление в течение 6000 лет, которые делятся на три периода по 2000 лет каждый. Сначала раскрываются самые тонкие, то есть слабо эгоистические желания (келим) – ХАБАД, потом средние по силе желания – ХАГАТ, а в наши, последние 2000 лет, – самые эгоистичные желания – НЕХИ.*

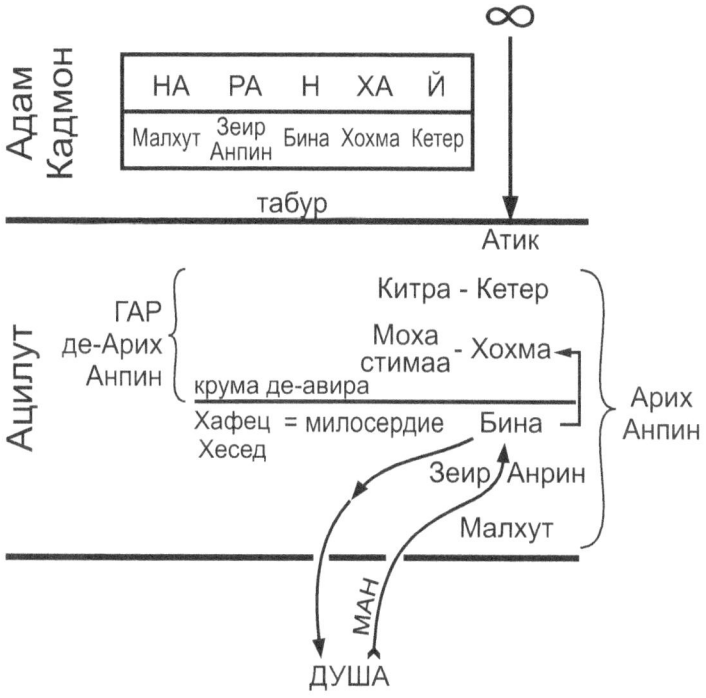

*Тонкие келим были очень высокими душами — «праотцы», народ Израиля, вышедший из Египта (Гальгальта Эйнаим). Но они не могли раскрыть высокой мудрости света Хохма, потому что им не хватало глубины (толщи) желания. Наши души — самые эгоистичные, и поэтому, несмотря на то, что наш разум и чувства очень ограничены, своим исправлением мы проводим в мир самый сильный свет Хохма.*

*Поэтому, когда мы делаем небольшое усилие, исправление на нашей низкой ступени, то мы притягиваем огромный свет в высшие келим — ХАБАД, и там происходят большие исправления. Так работает система душ — по закону обратного соответствия светов и келим.*

*Сами того не зная, не понимая, что делаем, мы производим огромные изменения в системе душ. Мы подобны младенцу, который сложил вместе два кубика, а родители счастливы от его маленького успеха. Мы не знаем, какой свет притягиваем в высшие души — это раскроется только в Конце Исправления, когда все начнут ощущать этот свет. Но именно мы, своей простой и незаметной работой приносим жизнь в эту систему.*

*Весь прошлый путь, вся история, великие каббалисты прошлого — все это было только подготовкой к тому исправлению, которое должны сделать сейчас мы с вами.*

Почитаем, что пишет Бааль Сулам о системе Арих Анпин, а я, по ходу дела, буду давать свои комментарии. Итак.

«В мире Ацилут есть два света Хохма:

— 1 — исконный свет Хохма, называемый скрытым светом; этот свет находится только в парцуфе Арих Анпин и не распространяется от него к более низшим парцуфим;»

Душа, находясь внизу, никоим образом не может получить свет Хохма. Получить этот свет она может только в ответ на просьбу — просьбу об исправлении. Душа посылает свою просьбу вверх, получает в ответ свет и Бины, и Хохма, с его помощью поднимается сама, и затем, уже вместе с Биной, поднимается в ГАР. И вот там-то она получает весь свет Хохма.

Процесс, как вы видите, не простой. Если, «рассмотрев» твою просьбу, система считает возможным ответить на нее положительно, то к тебе приходит свет исправления, и ты — уже исправленный — поднимаешься наверх, получаешь право войти в эту систему.

« — 2 — свет Хохма, нисходящий 32 путями от Бины, поднявшейся в голову Арих Анпин, чтобы получить там свет Хохма и передать его в Зеир Анпин».

То есть, Бина поднимается в ГАР, получает там свет Хохма и через Зеир Анпин передает его вниз.

«Поэтому слово «БЕРЕШИТ» означает «БЕ» (с) и «РЕШИТ» (Хохма), то есть «с Хохма», но не скрытого в Арих Анпин настоящего света Хохма, а нисходящего 32 путями...»

Речь идет о свете, который мало того, что нисходит к нам 32 путями, он нисходит дискретно — капает, как мелкий, редкий дождичек: кап, кап, кап... Почему? — Чтобы мы могли постепенно адаптироваться к нему. Поэтому свет у нас чередуется с тьмой: капля света Хохма, света мудрости, наполнения, озарения, понимания, — тьма, и снова свет, и снова тьма...

Эти капли называются «мазаль» — от слова «нозель» (жидкость).

В Торе сказано, что все зависит от знаков удачи. Имеется в виду, что все зависит от «мазаль» — от этих капель света Хохма, который проходит к нам. Неправильная трактовка, неправильный перевод привели к тому, что люди занимаются поисками удачи совсем в другом месте...

«Сказано, что мир стоит на "высших скрытых тайнах"» — то есть, когда Зеир Анпин и Малхут вместе поднимаются в Бину, чтобы посредством ее получить свет Хохма, то при этом постигается ступень Моха стимаа.

«Кроме разделения на БЕ-РЕШИТ, слово БЕРЕШИТ делится на БАРА-ШИТ (на иврите пишется одинаково, ввиду отсутствия гласных), что означает: «СОЗДАЛ ШЕСТЬ» — создал шесть свойств, называемых ВАК». ВАК — это аббревиатура слов «вав кцавот» (шесть конечных свойств), из которых выходит к творениям свет Хохма.

А далее он рассказывает то, о чем мы уже говорили: «...вследствие подъема МАН от низших, человека, духовно находящегося в мирах БЕА...»

Наши души находятся в мирах Брия, Ецира, Асия. Мы этого не ощущаем, потому что адаптируем себя, ассоциируем себя с нашим животным телом, о котором и речи нет. Оно — просто животное. Здесь говорится только о нашей внутренней духовной составляющей.

Над мирами БЕА находится Малхут. Свойство Малхут — это свойство единения всех душ, свойство общности, свойство отдачи, «возлюби ближнего, как себя». Те души, в которых «просыпается» это свойство, поднимаются в Малхут.

Поднимаясь в Малхут, они вызывают ответные действия Бины. Бина подсоединяется к Хохме и берет от нее свет. Этот свет, который Бина получает в облачении света Хасадим, затем нисходит в Малхут. Души, поднявшиеся в Малхут, полностью наполняются светом Бины и, таким образом, проходят в систему БЕРЕШИТ.

Так для чего же нужна система БЕРЕШИТ?

В самом слове «БЕРЕШИТ» заключено несколько значений:

— во-первых, «БАРА-ШИТ» — «создал шесть свойств», которые Бина передает в Малхут;

— во-вторых, «БЕ-РЕШИТ» — то есть светом Хохма создал всё нисходящее исправление;

— в-третьих, слово «БАРА» означает слово «БАР» (вне, выход наружу) — «создал вне себя».

Итак, Творец создал всю эту систему, для того чтобы дать душам возможность собраться и достичь Его состояния, то есть состояния Арих Анпина.

Ну, а каким образом у души появляется желание подняться в Малхут?

Здесь, в нашем мире, у нас есть и наука каббала, и группа, и книги, и учитель. Находясь в нашем, еще неосознанно-духовном состоянии, мы, с помощью всего этого, можем возбудить в себе начальный МАН — желание соединиться вместе, подняться, уподобиться свойству отдачи, мы можем возбудить в этой системе, БЕРЕШИТ, ответное желание — работать на нас.

И когда мы возбуждаем всю эту систему, то вся высшая мудрость, которая находится в Моха стимаа парцуфа Арих Анпин, в скрытой его части, — она, в итоге, вынуждает нас подняться до этого уровня и наполниться бесконечным светом, этой высшей мудростью, которая здесь существует.

Следующий уровень — это Китра, Кетер, — Замысел Творения. Его мы постигнем только тогда, когда не каждый из нас, а мы, все вместе, полностью исправимся, соединимся в одно общее желание, когда не будет разницы между этим общим желанием, которое мы создадим здесь, в Моха стимаа, и тем желанием, которое создано в мире Бесконечности.

Когда эти желания будут подобны, тогда соединятся все миры, и творение, в итоге, превратится снова в мир Бесконечности, наполненный Высшим светом. Причем, свет НАРАНХАЙ, который наполнял нас в мире Адам Кадмон, в результате наших усилий, нашей работы, наших устремлений, будет в 620 раз больше.

*В нас находится цепочка информационных записей (решимот). Эти записи, под воздействием окружающего нас поля (света), последовательно «оживают» — превращаются в ощущаемую нами динамическую картину мира. Это подобно тому, как из памяти компьютера вызывается проигрывание видеозаписи. Мы не можем влиять на цепочку записи, но в наших возможностях ознакомиться с программой их проигрывания, и своими усилиями способствовать их успешной реализации.*

*В этом случае, мы как бы сами запускаем программу и постигаем ее причину, течение и цель, и, таким образом, поднимаемся на уровень Создателя.*

Вот, пожалуй, вся статья о Высшей мудрости.

Если мы возьмем «Учение десяти сфирот» — основной учебник по каббале, то эти две странички книги «Зоар» занимают в нем где-то 400 страниц сложнейшего текста. Сложнейшего... Ведь речь идет о системе, в которой заложен Замысел творения, системе, которая реализует наше исправление.

Причем, как реализует:

— с одной стороны, она реализует это неявно, как бы за нашей спиной, подталкивая нас всевозможными воздействиями, как изнутри, так и снаружи, к желанию двигаться вперед; или по своей доброй воле, или нет, но двигаться придется;

— с другой стороны, после того, как мы каким-то образом реагируем на ее «призывы», она начинает работать с нами, так сказать, в явном виде.

То есть мы закрыты в этой системе. Как говорится: «Сзади и спереди Ты объемлешь меня».

Значит, что бы со мной ни было — хорошее или плохое, приходящее снаружи или возникающее внутри — все это я должен соотносить, сопоставлять с одним единственным Источником. Я должен прийти к пониманию, что все исходит от Творца и только для того, чтобы я начал двигаться, подниматься к Нему.

Поняв это, я перестаю искать тайные пружины в происходящем со мной — ведь все открыто, все от Творца; я перестаю делить воздействия на хорошие или плохие — ведь все исходит из единственного доброго Источника; я перестаю делить силы воздействия на толкающие или притягивающие — это Творец, таким образом, работает со мной. Единственный мой анализ — это деление на воздействия в виде отдачи и на воздействия в виде получения. Я превращаю их в две линии и — своим желанием соединить их вместе — строю среднюю линию.

Таким образом, Арих Анпин — это система, которая определяет всю нашу жизнь, наше существование в этом мире, как в состоянии, когда мы не понимаем, что с нами происходит, кто и с какой целью воздействует на нас, так и в состоянии, когда мы приходим к пониманию, к ощущению того, кто, с какой целью и каким образом это делает.

Есть Абсолют — один, единственный, единый и абсолютно добрый. Относительно нас Он отградуировал себя по 125 ступеням нисхождения, в результате чего мы являемся полной Ему противоположностью — семь миллиардов злых, эгоистических созданий.

У каждого из нас возникает возможность — не надо только ее упускать! — начать уподоблять себя тому состоянию, которое находится над ним. Это состояние представляет собой 1/125 от Высшего состояния – от свойства Творца, свойства отдачи.

Мое желание реализовать эту возможность представляет собой, своего рода, просьбу, называемую МАН. Что значит «МАН»? Меня, в моем сегодняшнем состоянии (я нахожусь в нем, вследствие разбиения души, вследствие подготовки, которая уже проделана до меня), можно представить, как диполь, состоящий из двух частей: Малхут и Бина. То есть я состою из эгоистического желания, которое называется «сердце» и которое тянет меня вниз, и поднимающего меня желания, которое называется «точка в сердце».

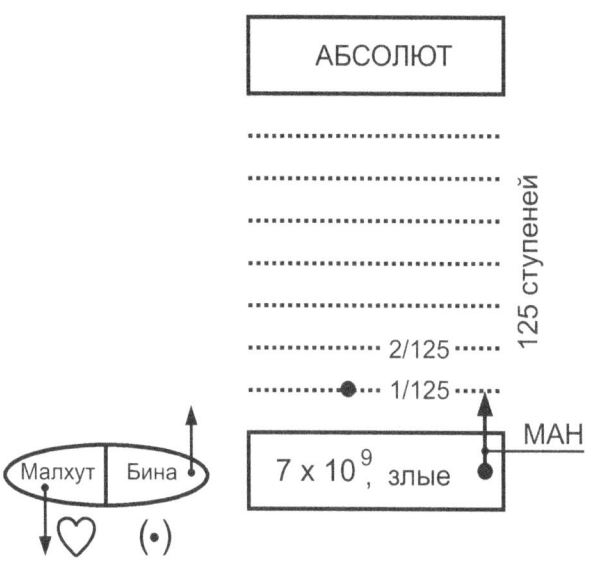

Если я с помощью книги, группы и учителя, естественно, правильно расставлю в себе приоритеты, то есть Бину – желание сделать из себя человека, осознать для чего «я», зачем «я», поставлю над Малхут — над своим животным началом, тогда, как диполь в магнитном поле, я как бы переориентируюсь. Это — проходящее через все ступени нисхождения, постоянно воздействующее на меня магнитное поле — называется ор Макиф. Оно строит во мне духовный парцуф (от Кетер до Малхут) и постепенно-постепенно подтягивает меня, пока я не вхожу на этот первый уровень (1/125).

И снова «книги — группа — учитель», постоянная работа над непрерывно растущим эгоизмом, и я вхожу на ступень «2/125».

Ведь что происходит при подъеме со ступени на ступень?

Ор Макиф, помимо своего положительного воздействия — моего исправления, на каждой следующей ступени оказывает и отрицательное воздействие — добавляет мне эгоизм. Я расту, я становлюсь большим, иными словами, Малхут во мне главенствует над Биной. И теперь, чтобы подняться на следующую ступень, я должен «перевернуться», переориентироваться — во мне повелевает Бина.

И так мы действуем все время: Малхут — Бина, Бина — Малхут, Малхут — Бина, Бина — Малхут...

А что же тогда МАН? МАН, как мы знаем, — это «маим нуквин». Маим — это свойство Бины, нуквин (нуква) — свойство Малхут. Если я правильно ориентирован, то есть Бина, свойство отдачи, главенствует во мне, то мой МАН вызывает положительное воздействие Высшего света, и этот свет притягивает меня к своему Источнику. В противном же случае этот свет меня отталкивает.

Вот в этом и заключается вся наша жизнь: правильная ориентация дает возможность двигаться верным курсом. А ор Макиф воздействует постоянно...

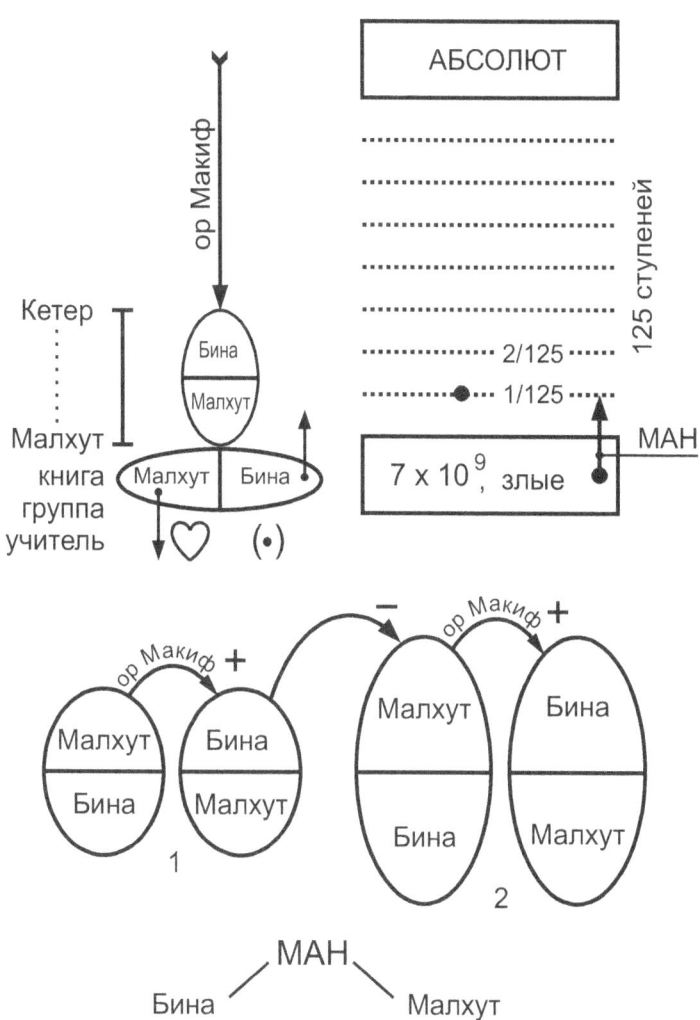

Смотрите, что сегодня происходит в нашем мире: то в Исландии, то в Южной Америке просыпаются вулканы; ни одно государство мира не застраховано ни от террористических актов, ни от совершенно бессмысленных актов вандализма; техногенные катастрофы, перерастающие в экологические бедствия. И так далее, и тому подобное...

Все эти процессы идут по нарастающей, и происходит это потому, что мы неправильно ориентированы в постоянно воздействующем на нас поле, и это поле вынуждено таким образом воздействовать на нас.

Творец — это не «по моему хотению, по щучьему велению». Творец — это закон. Поэтому нам необходимо понять, что значит на самом деле свойство отдачи, каким образом и кому отдавать, и где оно находится — это свойство. Только этот анализ и нужен, для того чтобы наш диполь был направлен в соответствии силовым линиям поля, в котором мы существуем.

Для этого и создана каббала — наука о правильном получении Высшего воздействия.

*Сегодня человечество не знает, куда и как дальше развиваться и решать возникающие проблемы, которые все чаще ощущаются как путаница и удары слепой судьбы. В XXI веке средства коммуникации полнятся предсказаниями будущего, ворожбой, гороскопами. Мы действительно находимся в неизвестном нам мире.*

*Но сегодня мы тянемся к предсказаниям не в слепой вере, свойственной прошлым поколениям, а вследствие осознания своего бессилия перед природой! Вера в высшие силы, управляющие миром,* пришла к нам после веры в науку, в покорение природы. В итоге научного развития мы поняли, что не имеем никакой власти над природой и своей судьбой, и начинаем искать Источник, от которого зависим.

Бааль Сулам в статье «Изгнание и освобождение» говорит о грядущем разочаровании человечества в решении проблем, и принятии каббалы, как о посланном свыше знании об исправлении себя и мира.

# Две точки

(п.п. 120-124)

*Кроме желания ничего нет.*

*Желание изменяется, и внутри этого переменного желания мы ощущаем себя — в том или другом состоянии, в том или другом намерении. Желание, пребывающее в состоянии отдачи, называется «Творец»; желание в состоянии получения называется «творение».*

*Сейчас, внутри нашего желания, мы ощущаем, что живем здесь, в этом мире. Желание изменится — и мы начнем ощущать, что живем в иной реальности. Поэтому мы не можем представить себе состояния, в которых еще не были. Но для каббалистов, пребывающих и в желании отдавать, и в желании получать, обе части реальны — ведь им подвластны и те, и другие явления в желании.*

Чтобы придать нашему желанию форму, готовую для восприятия всей реальности, Творец «играет с нами в прятки»: Он то скрывается, то раскрывается. Человек не всегда распознает эту игру, но она идет постоянно и с каждым, вплоть до полного нашего исправления. Необходимо все время распознавать, что весь мир — не более чем проявление Творца во всевозможных образах: ненавистниках и любящих, мешающих и помогающих, близких и далеких... Все эти люди, а также неживая природа, растения и животные, мысли и желания человека — все, кроме точки своего «я», точки наблюдения, из которой человек хочет вырасти подобным Творцу, — все остальное в нем приходит от Творца.

Все это Творец делает только с одним намерением — «раскачать» человека.

Если вопреки происходящему с ним, человек изо всех сил стремится удержать себя в мысли, что все это исходит от Творца — ведь «Нет никого кроме Него», а Творец несомненно «Добрый и Творящий добро», — то человеку становится неважно, что будет в его жизни. Он молит лишь об одном: «Пребывать мне в Доме Творца все дни жизни моей». Он рад всем помехам, потому что они расширяют его желание. Он видит в этих помехах необходимые упражнения, с любовью посылаемые ему Творцом, который ждет лишь готовности человека, чтобы раскрыться ему.

Так человек продвигается, пока не завершит весь этот процесс, называемый скрытием или периодом подготовки.

В нашем распоряжении сотни книг истинных каббалистов, которые, существуя в нашем мире, одновременно с этим ощущали духовный мир, связь с Творцом, и потому смогли передать нам свои постижения в виде текста, чтобы и мы соприкоснулись с постигнутым ими. Но ни об одной книге, кроме книги «Зоар», не написано, что благодаря ей, мы выйдем из изгнания, что с ее помощью поднимемся на уровень тех же каббалистов, авторов этих книг. Ведь в книге «Зоар» действительно есть особый свет.

*И неважно, что есть книги, от которых мы можем получить более сильное впечатление, есть много книг, говорящих рациональным, логичным, понятным нам языком. А книга «Зоар» — непонятно, о чем в ней говорится, она увлекает нас в самых разных направлениях. Но такой особой связи, которую она создает между нашими душами, между нами, начинающими этот путь, и источником света, способным исправить нас, нет больше ни в одной из книг.*

*Поэтому только о книге «Зоар» сказано, что благодаря ей можно выйти из изгнания — к избавлению, раскрыть Творца.*

*Необходимо учесть, что язык «Зоара» не всегда гладок. Из самого текста видно, что его собрали из того, что можно было собрать — явно не хватает каких-то частей, есть оборванные предложения...*

*Все, что осталось нам от книги «Зоар», — это очень малая часть от написанного в ней. С другой стороны, мы должны понять, что это не снижает силы самой книги, способной принести нам свет. Если в таком виде она осталась и дана нам, — видимо, именно это необходимо для исправления наших душ.*

На этом уроке мы с вами пройдем очень важную статью, которая называется «Две точки».

Две точки — это: Малхут, где мы с вами начинаем свое духовное путешествие, продвижение, и точка нашей цели — Бина, в которой мы его заканчиваем.

Малхут, поднявшись в Бину, не просто находится в ней, полностью соединяется с ней, получает все ее свойства – нет, она как бы растворяется в ней, позволяет Бине полностью пропитать себя, а потом начинает проявлять свои свойства внутри свойств Бины. Таким образом, проявляются два свойства: свойство Бины, свойство Творца, – отдача, и свойство творения – свойство получать. В результате оба этих свойства – соединенные, сопряженные вместе, работающие вместе – достигают уровня Кетер.

Проиллюстрируем этот процесс.

Кетер, Хохма, Бина, Зеир Анпин и Малхут – это строение всего мироздания.

Мы с вами – только в той мере, в которой желаем соединиться вместе, – поднимаемся в Бину. Соединение означает аннулирование нашего эгоизма, то есть принятие условия Цимцум Алеф (первого сокращения).

Как это происходит:

– с одной стороны, от нуля по всем 125 ступеням развивается наш эгоизм;

– с другой стороны, не обращая на него внимания, как бы над ним, мы все время пытаемся включиться в свойство Бины.

Таким образом, все свойства Малхут и все свойства Бины, собранные вместе, поддерживают друг друга, в результате чего и Малхут, и Бина поднимаются вместе до уровня Кетер – вот это и есть наша цель – и мы становимся равными Творцу, сливаемся с Ним.

Об этом говорит нам эта статья – небольшая, но очень-очень емкая по своему содержанию.

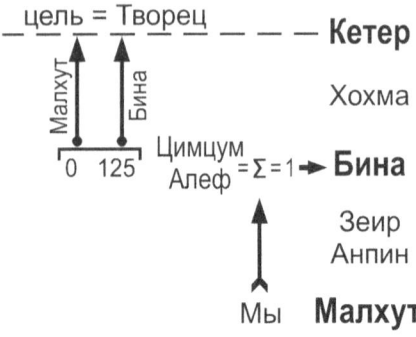

**120.** Рабби Хия начал и открыл: «Начало мудрости (Хохма) – страх Творца, и все доброе получают выполняющие это». «Начало мудрости?» – спрашивает, – но ведь надо было бы сказать, что «конец мудрости – страх Творца», потому что страх Творца – это свойство Малхут, а она последняя, конец мудрости (Хохма)». «Но, – отвечает, – именно Малхут начало входа в ступени получения высшей мудрости». Поэтому сказано: «Откройте мне врата справедливости», то есть врата Малхут, называемой справедливость, – это врата Творца. А если не войдет (человек) в эти врата, то не войдет ни в какие иные к высшему Царю, потому как Он скрыт, отделен, и создал много врат на пути к Себе.

Рабби Хия начал и открыл: «Начало мудрости (Хохма) – страх Творца, и все доброе получают выполняющие это». «Начало мудрости?» – спрашивает он, – но ведь надо было бы сказать, что «конец мудрости – страх Творца», потому что страх Творца – это свойство Малхут, а она последняя...»

Мудрость – это Хохма, а страх – это свойство Малхут. Хохма находится выше Малхут.

**«Но, – отвечает он, – именно Малхут начало входа в ступени получения высшей мудрости».**

Если я хочу подняться к «началу мудрости», то есть на уровень Хохма, то свой подъем я должен начать с уровня Малхут. Но и в Малхут тоже не так-то легко войти, потому что Малхут – это не просто мы – это мы, желающие объединения, это мы, желающие духовного подъема.

**Поэтому сказано: «Откройте мне врата справедливости», то есть врата Малхут, называемой справедливость, – это врата Творца. А если не войдет (человек) в эти врата, то не войдет ни в какие иные к высшему Царю** (к Творцу)**, потому как Он скрыт, отделен, и создал много врат на пути к Себе.**

Этот пункт требует подробного комментария. Начнем с того, о чем мы говорили уже не раз.

Ощутив в себе «точку в сердце», мы начинаем подниматься из нашего мира к ощущению мира духовного. Время этого подъема – это время подготовки, подготовки к духовному ощущению. Не надейтесь, что вы можете, что называется, «тянуть» время, и все когда-нибудь, само собой, придет к желаемому результату. Нет. Это время, в течение которого мы должны выяснить, желаем ли мы – достаточно и на самом деле – выйти в Высший мир.

То есть человек может себя убеждать, может плакать, кричать, может прикидываться страдальцем, что «вот, я так хочу, так хочу...» Но если не получается, значит, он еще и не хочет. Это очень просто. В духовном нет никаких проблем с тем, что тебе не дают сверху, а есть только проблема с твоим желанием – оно еще не подготовлено должным образом.

Таким образом, время подготовки может занять и пару лет, а может и пару десятков лет. Все зависит от желания, от того, как и когда человек его сформирует. А это, в свою очередь, зависит (извините, что я повторяюсь) от следующих факторов: учеба, группа, работа в группе, маасер, учитель... Остановимся на этом.

В принципе, это все наши средства, с помощью которых мы можем достичь такого желания, когда мы прорываемся сквозь махсом, то есть когда нам становится действительно страшно, что: «мы не достигнем духовного мира, а без этого не стоит и жить». Это желание должно быть выстроено над постоянно растущим в нас эгоизмом. Здесь и деньги, и власть, и слава, и животные наслаждения – все, что угодно. Все это мы должны использовать только, как сопровождающее нас, поддерживающее нас, помогающее нам на пути достижения высшей цели. Никак иначе!

Это относится, кстати говоря, и к мужчинам, и к женщинам. Души поднимаются вверх на одних и тех же условиях.

Прорвавшись через махсом, человек попадает на следующий этап своего подъема. Этот этап состоит из двух частей, или из двух состояний человека:

– первое – это убар (зародыш);
– второе – катнут (малое состояние), период от рождения человека до его взросления.

Взрослым считается человек, достигший свойства Бины.

А затем, используя свойство Бины и свои эгоистические свойства, человек идет дальше (это уже взрослый человек, его состояние называется гадлут) и достигает, как мы уже сказали, свойства Кетер.

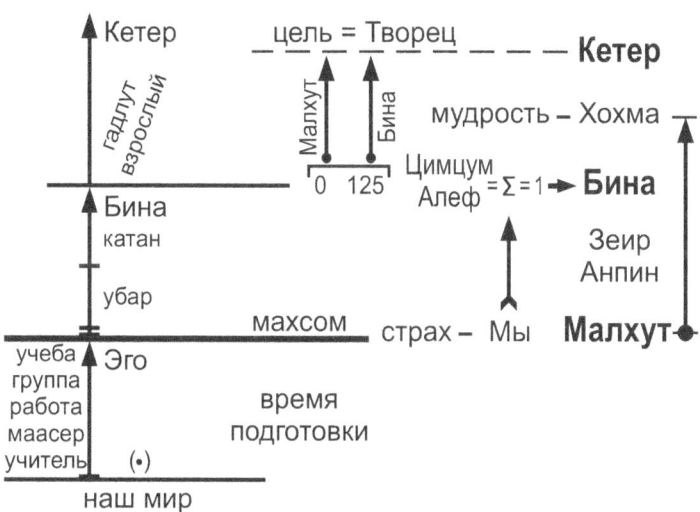

**121. А в конце всех ворот поставил особые ворота с несколькими замками, несколькими входами, несколькими залами, одни над другими. И сказал Он: «Кто пожелает войти ко Мне, пусть будут это первые врата его ко Мне. Кто войдет этими вратами, войдет. Только это первые врата к высшей мудрости, ворота страха Творца, Малхут, потому и называемая «начало».**

А в конце всех ворот поставил особые ворота с несколькими замками, несколькими входами, несколькими залами, одни над другими (для того, чтобы только войти в Высший мир, надо во время подготовки пройти множество ворот). **И сказал Он:**

«**Кто пожелает войти ко Мн**е (то есть прорваться через махсом на этап «раскрытие Творца»), **пусть будут это первые врата его ко Мне. Кто войдет этими вратами, войдет. Только это первые врата к высшей мудрости, ворота страха Творца, Малхут, потому и называемая «начало».**

Прорыв через махсом очень непрост. И дальше не легче – начинается длинный путь исправления. Замки, входы, залы – это три последовательные фазы исправления на каждой из 125 ступеней нашего духовного подъема.

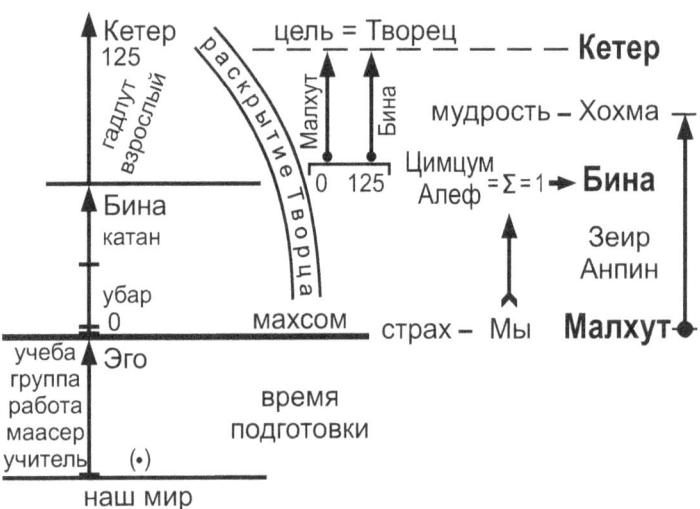

*Замысел Творца состоит в том, чтобы человек исправил свои эгоистические желания на альтруистические, а затем Творец наполняет их, по мере исправления, высшим, абсолютным наслаждением.*

*До достижения этого состояния человек ощущает страдания от желания наслаждения – или* этим миром, или духовным. Эти ощущения — ощущения несовершенства в управлении Творца — называются «замки на воротах». «Замки» — потому что это силы, отдаляющие, отвращающие человека от Творца, закрывающие ворота на пути сближения с Ним.

*Но если мы преодолеваем их, прилагая усилия обратить свои желания «получить для себя» в желания «получить ради Творца», то все эти силы, отделявшие нас от Творца, становятся силами сближения с Ним, то есть распахиваются все эти накрепко запертые ворота и становятся воротами постижения Его управления. Таким образом, именно те вопросы и противоречия, которые вроде бы мешали нам принимать единство управления Творца, становятся знаниями, благодаря которым мы понимаем и постигаем единство Его управления, и каждое противоречие, которое мы преодолели на нашем пути к Нему, раскрывает свою же особенность в постижении этого управления.*

*Итак, преодолевая желание самонасладиться, мы к каждому замку получаем своего рода ключ — особую ступень постижения Творца, и эти ступени становятся «залами» — емкостями для получения света Творца.*

*Таким образом, мы видим, что наш материал, наш эгоизм, воспринимает одно и то же воздействие и как наслаждение, и как страдание. Нам необходимо только изменить свои органы ощущений, и тогда окружающий нас свет мы будем ощущать, как наслаждение, а пока мы этого не сделаем, этот свет ощущается нами, как страдание.*

**122. Буква «бет» слова «берешит» (в начале) показывает, что двое соединяются вместе, в Малхут. Обе они — точки, одна скрытая, а вторая явная. Но так как нет разделения между ними, называются «начало», то есть только одна, но не обе, потому что тот, кто берет одну, берет также и вторую. И это — одно, потому что Он и имя Его едины, как сказано: «И познаете, что это единственное имя Творца».**

**Буква «бет» слова «берешит»…**

Вы знаете, как начинается Тора: «В начале сотворил Бог небо и землю». «В начале» — на иврите «берешит». «Бет» (численное значение 2) — первая буква этого слова.

**…показывает, что двое соединяются вместе, в Малхут, обе они — точки, одна скрытая, а вторая явная.**

Свойство ограничения в точке Малхут скрыто, а свойство милосердия в точке Бина явно, ведь иначе мир не смог бы существовать. Как сказано: «В начале создал мир свойством строгости, затем, видя, как он не может существовать, присоединил к нему свойство милосердия».

**Но так как нет разделения между ними, называются «начало», то есть только одна точка, но не обе, потому что тот, кто берет одну, берет также и вторую, но не понимая этого.**

Мы цепляемся за наш эгоизм (что и называется «в начале»), не подозревая о том, что за ним находится еще огромный-огромный-огромный мир, который, таким образом, уже приклеил нас к себе.

**И это — одно** (эти две точки), **потому что Он и имя Его едины, как сказано: «И познаете, что это единственное имя Творца».**

В конце процесса исправления две точки сливаются в одну, и об этом состоянии сказано: «Ибо полна будет земля знанием Творца».

Так вот, с буквы «бет», первой буквы слова «берешит», начинается путь к Творцу, то есть к познанию Высшего мира. А поскольку «бет» — это 2, то она означает два мира.

*Мир, относительно меня, делится на явный и скрытый.*

*Явный — раскрывается мне в моих органах ощущений и в стоящем за ними разуме. Я могу исследовать его и полагаться на свои выводы.*

*Но никакие достижения науки никогда не раскроют мне ту часть мира, которая не воспринимается мной в моих ощущениях. А неощущаемое невозможно ни представить, ни изучить. Эта скрытая от моего прямого познания часть реальности раскрывается с помощью науки каббала. Каббала раскрывает всю существующую реальность, которая, в общем, называется Творец.*

**123. Почему Малхут называется «страх Творца»? Потому что Малхут — Древо добра и зла: удостоился человек — оно доброе, не удостоился — оно злое. Поэтому находится в том месте страх. И через эти ворота идут ко всему хорошему, что только есть в**

мире. Все хорошее — это двое ворот, то есть две точки, которые как одна. Рабби Йоси сказал, что все хорошее — это Древо жизни, потому что оно доброе, совершенно без всякого зла. А так как нет в нем зла, оно полностью доброе, без зла.

**Почему Малхут называется «страх Творца»? Потому что Малхут — Древо добра и зла: удостоился человек — оно доброе, не удостоился — оно злое. Поэтому находится в том месте** (в Малхут) **страх.**

«Древо познания добра и зла» — познание наших 613 желаний и их исправление.

Творцом создано желание с намерением «ради себя». Исправление — это процесс перехода с намерения «ради себя» на намерение «ради других». В мере исправления, свет заполняет желание. Конец исправления — желание полностью подобно свету.

Поэтому, до конца исправления человек должен отделять в себе желания, относящиеся к точке Бина, от желаний, относящихся к точке Малхут. Вопреки эгоизму, наперекор ему человек должен отрицать желания Малхут, не пользоваться ими, а стараться использовать только желания Бины.

Этот период работы над самоисправлением называется периодом 6000 лет.

Соответственно тому, как человек использует свои свойства, — соответственно этому он вызывает на себя совершенно различные, противоположные воздействия свыше.

**И через эти ворота идут ко всему хорошему, что только есть в мире.**

Это в том случае, если мы показываем высшему управлению, что используем только свои свойства отдачи.

**Все хорошее – это двое ворот, то есть две точки, которые** совмещаются в человеке, **как одна.** То есть когда он, скрывая свое эгоистическое свойство, свойство Малхут, желает «одеть» на себя свойство Бины – альтруистическое свойство, свойство отдачи.

Речь идет о состоянии после окончательного исправления, когда и Малхут, и Бина – обе эти точки – становятся воротами постижения.

**Рабби Йоси сказал, что все хорошее – это Древо жизни, потому что оно доброе, совершенно без всякого зла. А так как нет в нем зла, оно полностью доброе, без зла.**

Рабби Йоси объясняет нам состояние в процессе исправления, когда:

– две точки, Бина и Малхут, «находятся» в нас в виде Древа нашего познания добра и зла;

– а «все хорошее», то есть раскрытие высшей мудрости – самое лучшее, что только может быть в мире, и что заключено в замысле творения – это и есть Древо жизни.

*Малхут (мы уже говорили об этом) состоит из пяти желаний, свойств. Четыре ее желания имеют альтруистические свойства, полученные ими от света, а пятое – малхут де-малхут – это эгоистическое свойство. До полного исправления всех остальных свойств, использование малхут де-малхут, то есть получение в нее света, карается смертью – исчезновение света называется «смерть».*

*Вернее, если во всех своих действиях человек отталкивает себя внутренне от использования эгоизма, точки малхут де-малхут, и использует только остальные свои альтруистические желания, он постепенно, каждый раз, создает сам на малхут де-малхут экран, запрет на получение. Наполнив все свои остальные исправленные желания светом, человек достигает конца исправления — того, что мог сам исправить. Как только это происходит, нисходит свыше свет, называемый Машиах, который придает альтруистическое свойство «отдавать», делать ради Творца и самой малхут де-малхут.*

*Этим заканчивается весь процесс работы человека над исправлением своей души — он достигает полного слияния с Творцом. Цель Творца заключается в том, чтобы этого состояния человек достиг во время своего нахождения в нашем мире, в своем физическом теле, чтобы оба мира — духовный и материальный — совместил в себе.*

**124. Всем действующим — это верное милосердие Давида, поддерживающее Тору. Эти, держащие Тору, будто сами сотворяют ее. Все, занимающиеся Торой, — нет в них действия, когда они занимаются ею. Но те, кто держит Тору — есть в них действие. И этой силой существует мир, вечна мудрость и Тора, и трон стоит, как должен стоять.**

Ранее сказано, что «страх Творца» — это последние ворота, но первые к высшей мудрости. **Все, занимающиеся Торой**, — это те, кто открыл последние ворота, то есть исправил все свои свойства. Поэтому нет в них действия, то есть работы в анализе добра и зла.

**Поддерживающие Тору** — это те, кто еще не достиг конца исправления. **Есть в них действие**, то есть работа по выяснению добра и зла во всех своих свойствах. Поэтому сказано, что **эти, держащие Тору, будто сами сотворяют ее**, — потому что вследствие усилий человека не использовать все отталкивающие, мешающие силы (мысли, желания) малхут де-малхут, открываются ворота в залы мудрости, полные света хохма.

Таким образом, благодаря внутренней работе **поддерживающих Тору** по разделению и исправлению добра и зла, раскрывается Тора. Ведь без ощущения скрытия Творца, и преодоления этого ощущения, никогда не смогла бы раскрыться Тора.

Тора — в переводе «свет». В принципе, Тора — это инструкция по исправлению. Что это значит? Тора говорит нам о том, как привлекать Высший свет (ор Макиф), который, распространяясь сверху вниз, и производит все исправления.

Распространение Высшего света можно представить, как молнию, которая ищет ионизированные молекулы воздуха и, таким образом, может достичь поверхности земли. Выявить, что мешает распространению света, создать такой «ионизированный путь» — это, в принципе, то, чем занимаются каббалисты.

Мы с вами, в наше время, на нашем уровне, пока еще не можем этого делать. Мы занимаемся распространением, — то есть распространяем свет, заключенный в каббалистической литературе.

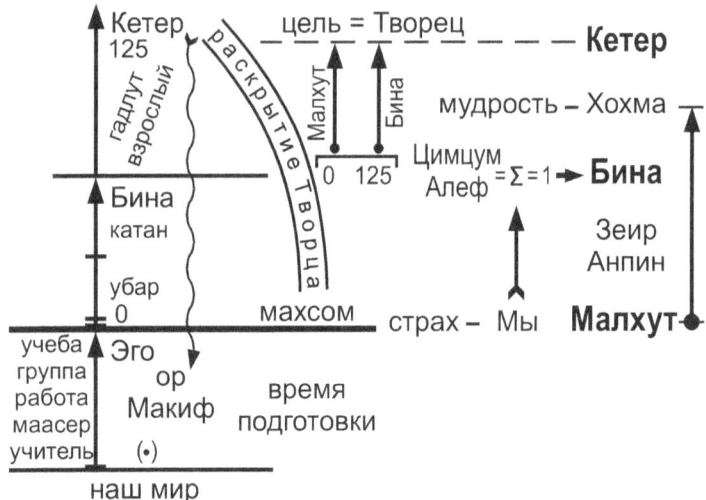

Совершенство деяния Творца заключается в том, что создав такого ничтожного человека — ничтожные эгоистические желания, полярно удаленные от Творца своими свойствами — Он дал человеку возможность самому создать Тору, самому создать в себе все миры. Тора создана до создания нашего мира, и, конечно, сам Творец создал ее. Но без «держащих Тору» не раскрылась бы она миру, поэтому считаются они создающими ее.

Тора предназначена для того, чтобы раскрыть нам внешний — духовный — мир, и ввести нас в него, как живущих, как активно действующих в нем. Как это происходит?

Каждое мгновение свыше нам посылают совершенно различные состояния (желания и мысли), и все они только лишь для того, чтобы — отправляя наш эгоизм в ссылку — мы могли вобрать в себя все свойства Бины. А потом, постепенно возвращая, освобождая его, мы передаем наш эгоизм под власть Бины, чтобы он облачался в свойство Бины, становился подобен Бине, свойству отдачи.

Таким образом, наш эгоизм, который облачается внешне в свойство Бины, будет подобен Кетер – уровню Творца.

Чтобы лучше понять, в чем заключается основная идея этой статьи, рассмотрим процесс зарождения и развития души (объекта духовного мира), как процесс зачатия и рождения человека в нашем мире, так как между ними существует полная аналогия.

Этот процесс можно разбить на три трехмесячных этапа.

Первый этап.

Капля семени (в нашем мире) попадает в матку матери и начинает в ней развиваться. Сначала идут три дня абсорбции семени, а затем 40 дней оформления зародыша, в течение которых он приобретает всю свою будущую форму.

За 40 дней эта точка (которая сюда вошла), это решимо, непрерывно развиваясь, получает свойства Бины – десять сфирот. Сам по себе зародыш – это материя, никакими личными свойствами он не обладает. Таким образом, Бина сейчас вместе с этой точкой, с решимо, создает некую особую форму.

То есть, практически, по прошествии этих сорока дней мы могли бы – в нашем мире – распознать все свойства будущего человека. Они уже есть, они уже проявлены все до одного... Просто мы еще не умеем этого различать. Было бы, конечно, здорово, если бы мы могли это сделать. Это предотвратило бы огромное количество всевозможных болезней, травм и так далее.

После сорока дней идет подъем решимо по трем линиям — Нецах, Ход, Есод.

На этом заканчивается первый этап — первые три месяца.

Второй этап, следующие три месяца развития, — это подъем по линиям: Хесед, Гвура, Тиферет.

Третий этап, следующие три месяца развития, — это подъем по линиям: Хохма, Бина, Даат.

Вот таким образом развивается зародыш, и в итоге — на третьем этапе — он достигает состояния, называемого «три месяца и один день», когда у него появляется уже зачаток Кетера.

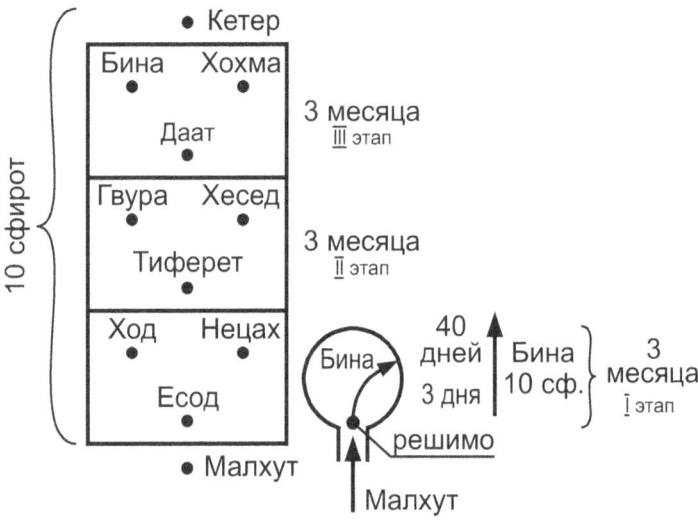

В этом состоянии начинаются роды. Почему? Потому что он полностью закончил свое развитие, вышел на уровень десяти сфирот. Теперь свет, который он будет получать, будет ему только во вред.

В нашем мире, — если зародыш и дальше будет находиться в матке матери, то отравится.

В мире духовном — зародыш, убар, должен изменить свое состояние, подняться на следующую ступень. Для этого он как бы переворачивается, то есть Кетер и Малхут меняются местами.

*Прежде чем мы продолжим объяснение, давайте выясним, что значит термин «даат».*

*В книге «Зоар» сказано:* **Мудрость, которая необходима человеку** (каждому без исключения)**: знать и видеть тайны Создателя, познать самого себя — кто он и как родился, откуда пришел, куда уйдет, как ему исправить себя, что ожидает его в явлении пред судом Властителя мира.**

*Нам необходимо достичь знания. Знание образуется от облачения света Хохма в свет Хасадим, то есть в мои исправленные желания. Это и есть подлинное соединение меня и Творца.*

*Когда духовный парцуф получает внутри себя свет, этот свет называется светом знания. Это мудрость и милосердие, свет Хохма и свет Бина, свет получения и свет отдачи, соединившиеся вместе. Если я хочу включиться в Малхут, общность всех душ (единственно созданное творение), то это мое желание включает меня в Малхут, а она поднимает его на уровень* **даат (знание)**. *Тогда Хохма и Бина дают мне это знание.*

Почему подъем осуществляется именно таким образом? Потому что над Кетером каждой ступени духовной лестницы находится Малхут следующей ступени, и таким образом подъем — это превращение Кетера нижней ступени в Малхут высшей.

Что делает убар? Он переворачивается и как бы поднимает себя. Кетер убара становится Малхут следующего состояния — состояния новорожденного, катнут (малого состояния). Таким образом, он рождается и рождается уже на следующей ступени.

Этот акт характеризуется в нашем мире, как переворот плода в матке матери и затем его рождение.

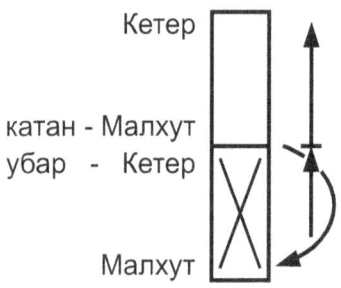

Рассмотрим подробнее, как протекает внутриматочное развитие. Мы говорим о духовной сфере — о Бине, о том, как войти в нее, закрепиться в ней, начать получать от нее свет жизни и, таким образом, растить себя в свойстве отдачи. Это наша с вами сегодняшняя задача.

Чтобы войти, существуют ворота, о которых говорит изучаемая нами статья. Вход зависит только от нашего желания. Нам дана полная свобода воли: захотим — войдем, не захотим — нет. Свойство нашей духовной матери — это свойство абсолютной отдачи. Ничего больше. Мы должны соответствовать ей, для того чтобы она приняла и растила нас.

Мы, из нашей жизни, знаем, сколько миллионов попыток делается, для того чтобы сперматозоиду проникнуть в яйцо и оплодотворить его. Это дает понимание того, сколько усилий нам необходимо приложить, чтобы начать наше духовное развитие.

Точка, которая стоит перед воротами, наше решимо, представляет из себя мужское и женское начала: решимо де-итлабшут — решимо от света и решимо де-авиют — решимо от желания.

Проникнуть внутрь матки и прикрепиться к ней, — то есть отдать себя и пусть делает со мной все что угодно... Но ведь я абсолютно противоположен ей: она — это свойство отдачи; я — свойство получения. Значит, мне необходимы огромные силы, духовные силы, которые проведут меня через эти ворота.

У меня этих сил нет. Эти силы, как мы уже говорили, я могу получить только от группы, только работая с товарищами, и так далее.

То есть, если человек полностью готов как бы уйти из нашего мира — он живет в нашем мире, работает, выполняет все, что требует от него государство, гражданином которого он является, — просто внутренние его силы целиком направлены на то, чтобы раскрыть для себя Высший мир, а это значит, достичь свойства отдачи, то для этого он должен получить еще энное количество сил. Сколько? Заранее неизвестно — пусть старается. Это так же, как для нас по сей день, неизвестен результат попыток зачать человека.

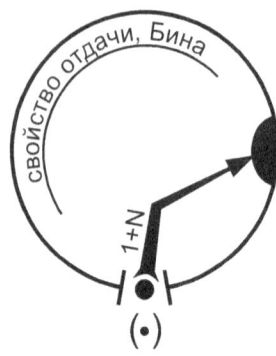

Следующий этап — это получение точкой свойств Бины.

Но это уже не точка. Она «обросла» желанием, полученным от группы, от книг, от учителя, от всех сопутствующих средств. Это уже зародыш — действительно и мужское, и женское начала, соединенные вместе.

Зародыш развивается пассивным восприятием свойств матери — пассивным получением света Бины. Эта форма получения света носит название «дам» («кровь» на русском языке), от слова «домэм» — неживой, неодушевленный. Именно такими качествами должен обладать зародыш. Почему?

Чтобы не быть отторгнутым материнским организмом, чтобы материнский организм не воспринимал его как нечто постороннее, а наоборот, как нечто желательное, которое надо наполнять, которому надо отдавать, зародыш аннулирует себя относительно материнского организма, то есть ставит в состояние Цимцум Алеф. В результате Бина не ощущает этот зародыш, этот эгоизм, как нечто противоположное ей. Эгоизм подставляется для наполнения, для исправления, и Бина прокачивает через него свои свойства отдачи.

Это называется, что наш зародыш растет.

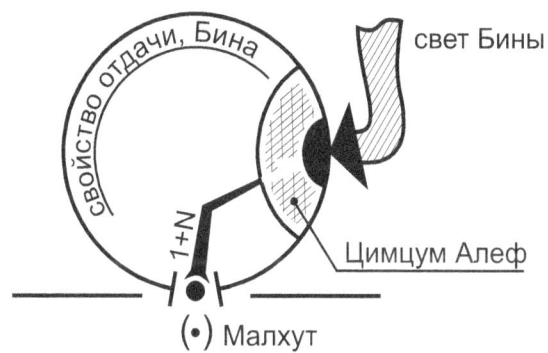

Развитие зародыша продолжается в течение девяти месяцев, и в начале десятого необходимо исключить его из свойств Бины, потому что дальнейшее пребывание там будет ему во вред. Он должен начать развиваться сам, то есть не отрицать себя полностью, а начинать самому действовать в свойстве отдачи. Этот переход называется духовным рождением.

Как это происходит.

Раскрывается выход из матки, убар (эти первые десять сфирот) переворачивается — Кетер внизу, Малхут сверху, и таким образом он выходит наружу.

Этот выход осуществляется благодаря огромному давлению, которое оказывает на плод свет Хохма. Это свет следующего этапа, он предназначен новорожденному. Плод же находится во внутриутробном состоянии, когда отсутствует свет

Хасадим, достаточный для облачения в него света Хохма.

Эта ситуация — в нашем мире — ощущается как страдания, родовые схватки, результатом которых является рождение человека.

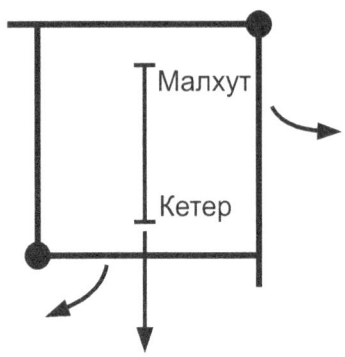

При этом надо отметить, что решимо, зародыш души, в период внутриматочного развития использует не весь свет Бины. Свет, который зародыш смог абсорбировать в себе, то есть свойство «дам», находящееся на «неживом» уровне, через «растительный» уровень смог поднять на «животный», этот свет остается в духовном новорожденном — в душе. А тот свет, который не был принят в этот период, не пропадает — он используется на следующих этапах развития души.

В нашем же мире «лишняя», так называемая родовая кровь, то есть материнская кровь, которую зародыш не использовал, просто выходит из матки в процессе родов.

Что происходит после рождения души? Наступает этап развития, который протекает от момента рождения до 13 лет. Первые два года этого этапа называются периодом вскармливания. В этот период свет, который духовный зародыш получал, как дам — кровь, душа получает, как молоко. Молоко — это та же кровь, «окрашенная» свойством отдачи.

Поэтому, когда младенец получает материнское молоко, в нем она снова обращается в кровь, а кровь сгущается и превращается в плоть, в его тело.

К нашим астрономическим единицам времени ни два года, ни 13 лет не имеют никакого отношения. Тринадцать лет — это 13 этапов духовного развития, в конце которого достигается состояние, называемое Гальгальта ве-Эйнаим.

*Сама по себе Малхут не способна на исправление, это неживое желание. Но когда она смешивается с Биной, перенимает ее свойства, начинает осознавать: «Я хочу отдавать, я хочу подняться и исправиться, стать подобной Творцу!», то образуется Малхут с включением искр Бины, искр отдачи.*

*Но и сама Бина получает включение в себя Малхут, и этим разделяется на две части: верхняя — Гальгальта ве-Эйнаим, «чистая» Бина, и нижняя — ЗАТ де-Бина, рехем (матка), има (мать), понимающая, какие желания есть внизу. В высшем есть часть от нижнего, а в нижнем — часть высшего: в Бине — небольшая часть Малхут, а в Малхут — небольшая часть Бины, и теперь они могут понимать друг друга.*

*Мать понимает, о чем плачет младенец, а младенец знает, что есть для кого плакать — он инстинктивно чувствует, что кто-то родил его и обязан за ним ухаживать.*

Вот, в принципе, в чем заключается основная идея статьи «Две точки».

Итак: человек, имея изначально свойство точки Малхут в себе, получает еще «точку в сердце», зачаток свойства Бины в себе, и теперь у него уже есть две точки, и теперь он только должен знать, как их развивать.

*Насколько мы сможем своими свойствами уподобиться свету в его свойстве отдачи и любви, настолько соединимся с ним и раскроем для себя каналы его распространения.*

*Сами по себе эти каналы в действии не существуют. Мы сами строим в себе эти каналы, и створки-задвижки на них, как клапаны, то открывающие путь свету, то останавливающие, скрывающие его, в мере подобия наших желаний свету. Наши усилия направлены только на то, чтобы из всех наших свойств построить подобие духовному, и получить от него порцию света.*

*В мере скрытия нашего эгоизма проявляется свет, и в этой же мере мы раскрываем в себе свойства Творца и замысел творения. Когда же мы заканчиваем эту работу, становимся полностью подобными Творцу, все каналы света исчезают, и мы оказываемся в сплошном океане бесконечного света. Все это благодаря силе нашего антиэгоистического экрана.*

*Тогда мы увидим, что все скрытия были нужны, чтобы помочь нам понять Творца и примкнуть к Его замыслу, поднявшись выше Его действий. Так мы поднимаемся на уровень Творца и соединяемся с Ним.*

## Буквы рабби Амнона Саба
(первая часть)

*Читая книгу «Зоар», человек ощущает в себе новый мир, дает тексту чувственные, внутренние пояснения — при условии, что направляет себя к все более внутреннему состоянию. Более внутреннее состояние означает, что каждое слово он обнаруживает, как указывающее на его собственное свойство.*

*Только своими усилиями, в своих новых, возникающих под воздействием этих усилий свойствах, каждый сможет раскрыть в себе такое понимание текста.*

### Буквы рабби Амнона Саба

Амнон Саба... Естественно, мы говорим не о человеке в каббале — мы говорим о душе, достигшей такого духовного уровня, с которого уже можно объяснить источники, смысл — все, что касается букв, то есть передачи информации.

Это могут быть звуки, могут быть различные письмена, могут быть современные электронные средства... Неважно что. Все это взаимосвязано и все это — передача информации, то есть, практически, создание связи между нами и Творцом. Не между нами — между нами это уж так, побочно, — говорится о связи души и Творца, человека, находящегося в нашем мире, и Творца. Речь идет о том, как мы из нашего мира можем связываться с Творцом, который находится в совершенно ином измерении, как мы из нашего состояния можем каким-то образом достичь влияния на Него, каким-то образом что-то к Нему донести.

Исходя из этого, будем разбирать, что же значат буквы.

Под словом «буква» («от» на иврите, мн. число — «отиёт») мы понимаем изображение какого-то явления, каких-то сил, комбинации сил. Мы передаем какую-то информацию. То есть слова «буква» и «знак» — это одно и то же.

Допустим, буква «алеф» — первая буква ивритского алфавита.

С одной стороны, мы изучаем саму форму — черную на белом фоне. С другой стороны, мы изучаем белый фон, из которого выбрана та его часть, которая затемняется этой буквой. Представьте себе, что мы вырезали букву из белого листа бумаги. Вот это пустое пространство, которое осталось на листе, — что оно изначально означает, если весь лист — это Высший свет?

Далее. Буквы ивритского алфавита обозначают, сами по себе, только согласные звуки. Но так как невозможно произносить слова без гласных звуков, то для их обозначения и для правильного произношения слов существуют, так называемые, огласовки: некудот (точки), тагин (коронки), таамим (вкусы).

Все эти символы вокруг основного знака, который называется «буква», передают, в принципе, всевозможные сочетания между состояниями, переходы из одного состояния в другое.

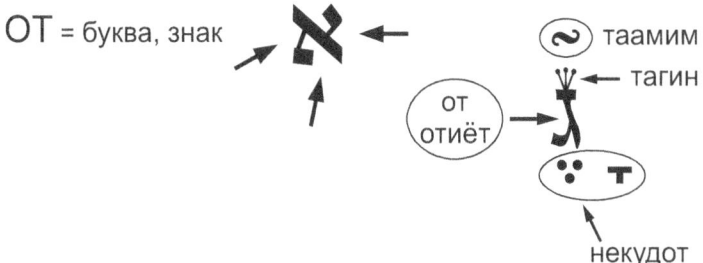

То есть, если мы будем рассматривать огласовки, как воздействие света на кли, перемещение этого кли из одного состояния в другое, а из этого в какое-то третье, затем их совместное возвращение в первоначальное и так далее, — то получается своего рода электронная схема. А потом эти знаки переходят друг в друга, складываются между собой в слова.

Две буквы — это уже слово. Почему? Потому что слово говорит о переходе из одного состояния в другое.

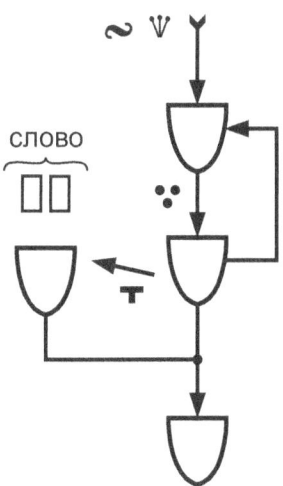

Тем, что «окружает» буквы, мы с вами заниматься не будем. Мы с вами занимаемся самой буквой, это для нас самое главное.

Короче говоря, когда мы с вами говорим о буквах, мы говорим о творении, которое проходит некие определенные состояния. И все буквы Торы, начиная от буквы «бет» — первой буквы в слове «берешит», с которого начинается Тора, и заканчивая буквой «ламед» — последней буквой в слове «исраэль», которым Тора заканчивается (я не помню, сколько их там — 500, 600 тысяч, это неважно), — все эти буквы Торы говорят нам о том, как мы в своих состояниях, то есть в исправлении себя, проходим от начала исправления и до его окончания.

Буквы складываются в слова. Причем, это очень условно, потому что, в принципе, мы можем сложить все буквы вместе, в одно большое слово — от начала Торы и до ее конца. Кстати говоря, в оригинале Торы не существует ни пробелов, ни знаков препинания — есть, просто, один сплошной текст.

Представляете, если незнающий человек начнет «нарезать» этот текст на слова... А какие огромные возможности в комбинаторике — в перестановке букв, слов, их взаимной замене.

Причем, мы можем читать текст с начала и до конца, — это в прямом свете. А можем и в обратном порядке, в обратном свете, — не со стороны Творца, а со стороны творения. А если мы читаем и сверху вниз, и снизу вверх, то тогда мы можем выяснить, насколько на любом этапе мы влияем на Него, а Он на нас.

Так вот, буквы дают полную характеристику любого состояния: влияние Творца на нас, наше влияние на Него, степень соединения между нами, объясняют, какое состояние предшествовало этому, и какое состояние должно получиться.

Кроме того, буквы (как мы уже знаем) — это те же свойства, и поэтому все эти тысячи букв Торы можно разделить на пять частей, относящихся к Кетер, Хохма, Бина, Зеир Анпин и Малхут. Отсюда можно понять, почему Тора называется «Пятикнижие».

В свою очередь во всех этих пяти свойствах есть свои пять сфирот, относящиеся — где бы они ни были — и к Кетеру, и к Хохме, и к Бине, и к Зеир Анпин, и к Малхут.

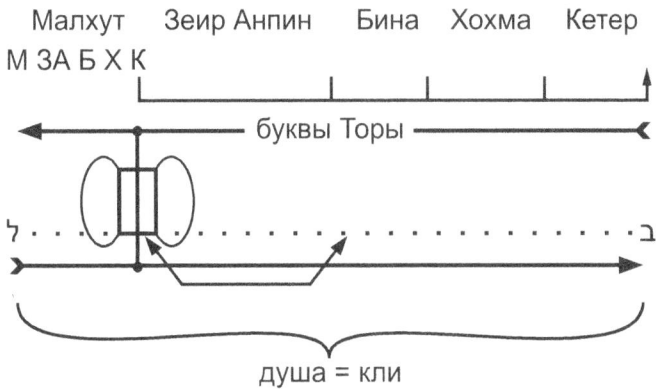

Эти связи можно представить, как кровеносную систему, лимфосистему, нервную систему и так далее, и все эти системы параллельно существуют в одном и том же теле, которое называется «Тора».

То есть, все эти буквы представляют собой практически одну единую душу или кли (сосуд), в котором это всё раскрывается.

А дальше раскрывается следующий уровень — мое возможное влияние на всю эту систему:

— или я просто пассивный слушатель, и мне рассказывают о том, как я создан, как мной управляют;

— или я могу, со своей стороны, начать взаимодействовать с этой системой, чтобы осознать, прочувствовать, проверить, как она работает относительно меня, и каким образом я могу правильно использовать ее — для чего она заранее, в принципе, и создана, и для чего создан я.

Так что, буквы — это не просто алфавит, это те келим, желания, которые выходят из одного единственного единого желания, созданного Творцом. И только лишь понимая их свойства, их комбинаторику, я начинаю понимать обращение Творца ко мне и, в соответствии с этим, обращаться к Нему.

Буквы — это те трафареты, через которые Высший свет проходит к нам и воздействует на нас. Источник света — это Творец. Трафарет — это мои собственные свойства: насколько они совпадают, или не совпадают, со свойствами Творца, столько света проходит, или не проходит, через меня. То есть то, что я вижу уже на своем экране — это результат моего взаимодействия с Творцом. Результат этого взаимодействия — это и есть предмет нашего изучения.

Прежде чем мы приступим к изучению статьи, сделаем еще несколько предварительных замечаний.

Есть язык, и есть буквы — и это совершенно не одно и то же. Я могу совершенно не знать иврита, не знать ни одного слова, не знать, как оно произносится. Я вижу символы. Я могу не знать, как называется дорожный знак в той или иной стране, — но я знаю, что обозначает этот знак. То же самое и буквы — в том виде, в котором мы их сейчас изучаем.

То есть мы изучаем не язык, не произношение. Мы не изучаем, каким образом, почему мы созданы так, что воздух («руах» — на иврите; то есть это определенного типа свет) должен проходить через гортань — устройство, которого нет, практически, у животных, и здесь, в этом устройстве, мы соединяем все человеческое, что есть в нас. Представьте себе, что весь наш мозг, со всем его потенциалом, с возможностью запомнить, сравнить, — все это в итоге сходится сюда, для того чтобы выразить то, что мы думаем, ощущаем, фантазируем. Производятся миллионы операций на всевозможных уровнях, чтобы, открывая рот, мы произносили членораздельные звуки.

Все это является следствием наших свойств, их материальным воплощением.

Так вот, мы с вами не говорим сейчас об аппарате, который называется «речь». Мы говорим только о символах, записывающих и передающих духовную информацию, — как мы, находящиеся в нашем мире, можем ее каким-то образом ощутить, вобрать в себя, осознать, принять к исполнению.

Я уже приводил этот пример.

Много лет назад мне передали стихи, написанные на очень высоком иврите. Эти стихи написал человек, находившийся в местах заключения, в Сибири, человек, не имевший никакого отношения ни к еврейству, ни к ивриту. Рабаш, после того, как прочел их, сказал: «Этот человек раскрыл для себя Высший мир, и поэтому, совершенно не зная языка, смог это описать».

Это было потрясающе: человек — вдруг! — стал знать язык. Но снова: «как знать?» Не говорить на нем, не общаться на нем, а отображать на нем свои чувства. То есть он переводил чувства — а чувства не имеют формы — в форму, которую уже можно изложить на носителе. Я тогда поразился, а, в общем, это очень просто: мы существуем одновременно и в нашем, и в духовном мирах, только не чувствуем этого контакта...

Естественно возникает вопрос: «Насколько важно изучать книгу «Зоар» на иврите»?

Несомненно, что все языки нужны и, в этом отношении, равноправны. Что же касается каббалистов, то у них — в течение всех поколений, вплоть до нашего времени — арамит и иврит взаимно сосуществуют, взаимно дополняют друг друга. Разница между ними — только в произношении, а не в написании. Само написание пришло к нам из Древнего Вавилона, где была раскрыта наука каббала. Книга «Зоар» написана на арамейском языке.

Невозможно другими буквами описать духовные действия, потому что любая буква состоит всего лишь из двух видов света: свет, который распространяется сверху вниз, или снизу вверх — это свет Хохма; и свет, который распространяется справа налево или слева направо — это свет Хасадим. Это так называемое «квадратное письмо», потому что существуют всего лишь два этих вектора. Любая буква — это отображение взаимодействия света Хохма и света Хасадим.

Что значит: «взаимодействие»?

В мироздании существуют два свойства: отдача и получение, и соответственно этому света, которые взаимодействуют между собой: свет Хасадим и свет Хохма. Свет Хасадим — это наше свойство отдачи. В той мере, в которой мы в свое свойство отдачи можем включить свойство получения и работать с ним, в этой мере проникает в нас и светит нам свет Хохма.

А сколько всего букв?

Мы уже говорили об этом, но Высший мир настолько многообразен, что количественную составляющую ивритского алфавита можно рассмотреть с несколько иной точки зрения.

Итак. Буквы (смотрим на чертеж) начинают формироваться в области свойств Творца. К ней относятся: Кетер, Хохма и верхняя половина Бины.

Кетер передает весь получаемый им свет Творца сверху вниз.

Хохма получает этот свет и также полностью передает вниз.

Бина, в верхней ее половине, хочет – подобно Кетеру – ничего не получать для себя. А затем, для того чтобы стать подобной Творцу – отдающей, она в нижней своей половине начинает передавать свет вниз. И вот это ее действие образует первые девять букв.

Затем следует парцуф Зеир Анпин. В нем также девять букв.

Под Зеир Анпином находится Малхут. В ней, согласно ее устройству, всего лишь четыре буквы.

Ниже Малхут проходит, так называемая, парса. Парса – это граница, ниже которой Высший свет не проходит. Она состоит из пяти частей, и ее, соответственно, характеризуют пять конечных букв: мэм, нун, цадик, пэй, хав – МАНЦЕПАХ. «Конечных» – то есть, если эти буквы стоят в конце слова, то они имеют иное написание.

Всего 27 букв.

Что я хочу сказать? Количество, качество, форма букв – это только лишь знаки, по которым Высший свет проходит через желания, формирует эти желания и таким образом демонстрирует их нам. Поэтому, когда мы смотрим на буквенные изображения, мы не читаем текст – мы рассматриваем изменения желания и то, каким образом в его трансформации выполняется действие. То есть каждое слово — это уже действие, причинно-следственное развитие желания и света в нем.

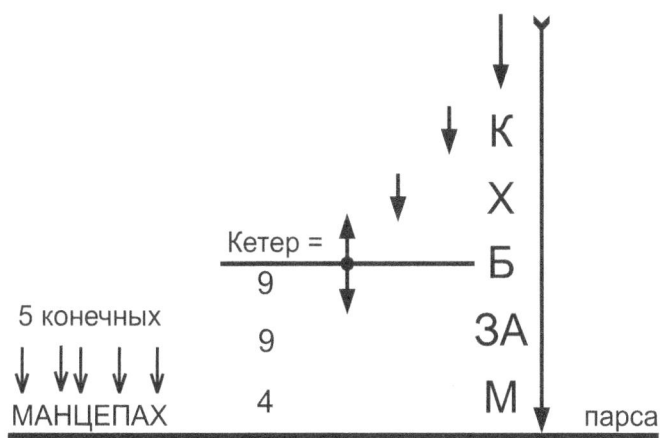

Мы с вами говорили о визуальном восприятии текста. А если я буду только лишь слушать? Получу ли я при этом те же ощущения?

Здесь нет никаких общих правил. Это зависит от человека: так, как вам удобно ассоциироваться с этим текстом, начать ощущать состояния, которые каждая буква хочет вам передать, ощущать, что вы сами принимаете форму буквы — сочетание между отдачей и получением.

Наполняясь светами Хасадим и Хохма, вы обращаетесь в некую букву. Вы переходите из одной буквы в другую, в третью, заканчиваете определенное духовное действие — это значит «выполнили слово». Что значит «слово», «слово Божье»? Это значит, каким образом, снизу вверх, вы отреагировали на то, что получили свыше.

Читать, слушать... Главное — как внутри. Только это должно определить ваше отношение к тексту, к звукам.

Мы, в итоге, должны пройти в полной мере все те состояния, которые вызывают в нас — должны вызвать в нас — все буквы Торы, от первой и до последней. Это практический план творения, согласно которому, пройдя все буквы, мы полностью заканчиваем свое исправление и становимся абсолютно равными Творцу.

Это является нашей задачей, нашей целью.

*Книга «Зоар» сама нас поднимает, сама нас формирует, подготавливает к ощущению Высшего мира. Поэтому очень важно адаптировать себя к ней — изменить себя так, чтобы быть хоть немножко ближе к ее уровню, к ее содержанию, к тому, что она нам хочет передать. Подставить себя под ее воздействие и тогда уже входить в эту книгу как в новую страну, как в новую жизнь, как в новый мир — это самое главное.*

## Буквы рабби Амнона Саба
(вторая часть, п.п. 22-25)

*Перед чтением книги «Зоар» мы должны настроиться так, чтобы ощутить себя в группе. Ведь тогда мы находимся в подобии свойств с той самой группой каббалистов, которые написали «Зоар», и можем легче понять, что они желают нам передать.*

*Понимание приходит в результате воздействия света. Свет действует на нас из связи между душами десяти каббалистов, которые все вместе пребывали в окончательно исправленном состоянии, то есть в окончательно исправленной связи между собой.*

*Поэтому, когда они исправили связь между ними до такой степени, что ни у одного из них не осталось неисправленного желания насладиться, тогда раскрыли между собой Высший свет, называемый «Зоар» — свет Бесконечности.*

*И потому, если мы стараемся достичь такого же отношения между нами, как у авторов книги «Зоар», то притягиваем свет из того же состояния, которого они достигли. Этот свет может также создать связь между нами, как сказано: «Устанавливающий мир в высшем, установит мир в нас». Именно этого мы должны ожидать от чтения книги «Зоар».*

Мы с вами продолжаем изучение статьи, которая называется «Буквы рабби Амнона Саба».

Буквы — это обширнейшая тема, которая раскрывает нам форму передачи, как духовной информации, так и сил, с помощью которых можно ее задействовать. Говорится, что «с помощью букв Творец создал мир, с помощью букв Он управляет миром». Мы, как материя — желание насладиться — состоим, в принципе, из этих букв.

Буквы — это символы (мы, в нашем мире, воспринимаем только их внешнюю форму), которые содержат в себе ощущение духовного мира, его строение, его свойства. Они обозначают, как мы уже говорили, 22 части проявления Бины в нашем мире.

Что же изнутри представляют собой эти духовные объекты.

**22. Сказал рабби Амнон: «В четырех первых словах Торы: «Берешит Бара Элоким Эт» (В начале создал Творец) два первых слова начинаются с буквы «бет», а два следующих — с буквы «алеф» (буква алеф произносится как звук «а» и как звук «э»)». Сказано: «Когда задумал Творец создать мир, все буквы были еще скрыты, и еще за 2000 лет до сотворения мира Творец смотрел в буквы и забавлялся ими».**

**Сказал рабби Амнон: «В четырех первых словах Торы: «Берешит Бара Элоким Эт» (В начале создал Творец) два первых слова начинаются с буквы «бет», а два следующих — с буквы «алеф» (буква «алеф» произносится как звук «а» и как звук «э»)».**

Закрытый звук «а» и открытый звук «э». В чем между ними разница? Что значит «закрыть» и «открыть»?

Как мы уже знаем, свет Хохма без облачения в свет Хасадим дает нам ощущение тьмы. А если мы, своими усилиями, возбуждаем свет Хасадим, то этот свет раскрывает свет Хохма. То есть мы говорим об инструменте переключения, о триггере, когда из закрытого состояния «а» — мы не эманируем свет Хасадим, мы переходим в открытое состояние «э» — когда мы открываем свет Хасадим, и в него облачается свет Хохма.

**Сказано: «Когда задумал Творец создать мир, все буквы были еще скрыты, и еще за 2000 лет до сотворения мира Творец смотрел в буквы и забавлялся ими».**

Так иносказательно «Зоар» рассказывает нам о строении мироздания.

Напомним еще раз, что оно из себя представляет:

— мир Бесконечности и мир Адам Кадмон — это просто адаптирующие устройства;

— мир Ацилут — это система управления всей вселенной, всем, что в ней существует;

— затем миры Брия, Ецира и Асия — БЕА;

— затем, уже в совершенном отключении от всего духовного, наш мир.

Буквы, как мы уже знаем, размещаются от середины Бины до парсы. Именно отсюда осуществляется управление мирами БЕА и душами, которые в них существуют.

Мир («олам» — скрытие) — это мера скрытия Творца, скрытия Высшего света.

В мирах Ацилут, Адам Кадмон и тем более в мире Бесконечности существует абсолютно открытый, полный свет, и поэтому они не считаются мирами, — они считаются просто светом.

Миры — это миры Брия, Ецира и Асия. Каждый из них — это полные десять сфирот или 2000 ступеней, которые обозначаются как 2000 лет. Поэтому говорится о 6000 лет существования мира, после чего мы поднимаемся в мир Ацилут — в седьмое тысячелетие, которое называется «суббота», когда уже не надо ничего исправлять, и все находятся в полном покое.

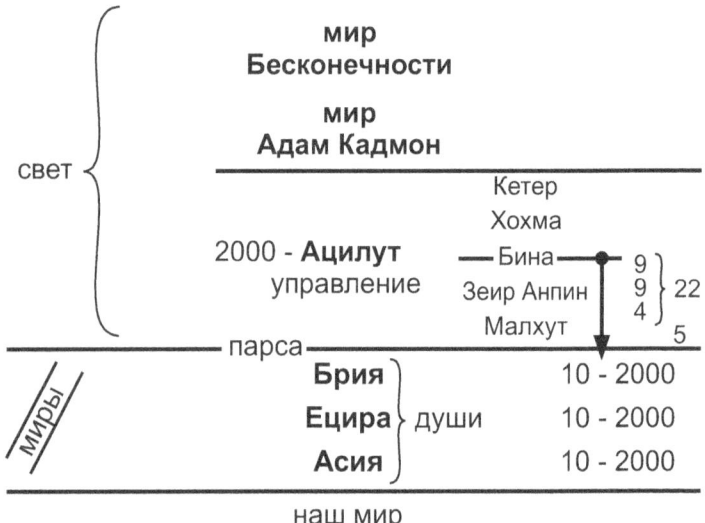

Так вот, речь идет о том, что до создания миров БЕА Творец создавал мир Ацилут, как бы 2000 лет занимался тем, что играл в буквы. То есть Творец, Высший свет, подбирал подходящие свойства, комбинировал их, чтобы постепенно-постепенно создать такое состояние душ и окружающих их миров, которое затем дало бы душам возможность самостоятельно постигать Творца.

**23. Когда Творец задумал создать мир, пришли к Нему все буквы алфавита в обратном порядке, от последней — «тав», до первой — «алеф». Первой вошла буква «тав» и сказала: «Владыка мира! Хорошо, а также приличествует Тебе построить мною, моими свойствами, мир. Потому что я печать на кольце Твоем, называемом «эмэт» (правда), заканчивающемся на букву «тав». А потому Ты сам называешься «правда», и поэтому подходяще Царю начать мироздание с буквы «тав», и ею, ее свойствами, создать мир».**

**Когда Творец задумал создать мир, пришли к Нему все буквы алфавита**, то есть все келим, все желания, через которые, в итоге, надо влиять на мир, но пришли **в обратном порядке, от последней — «тав», до первой — «алеф».**

Почему в обратном порядке? Потому, что есть прямой порядок — прямое распространение света сверху вниз, и есть создание сосудов, келим, подобных свету, которое идет в обратном порядке — снизу-вверх. Вообще, если мы говорим о правильном подходе к процессу создания, то начинать надо с конечной формы. Она должна определять, что я делаю на каждом этапе и, особенно, в начальной стадии, должна устанавливать вектор, который я задаю своим действиям.

Таким образом, есть прямое прочтение алфавита от первой буквы — «алеф», и до последней — «тав», а есть и обратное — от «тав» к «алеф».

**Первой вошла буква «тав» и сказала: «Владыка мира! Хорошо, а также приличествует Тебе построить мною, моими свойствами, мир. Потому что я печать на кольце Твоем, называемом «эмэт» (правда), заканчивающемся на букву «тав». А потому Ты сам называешься «правда», и поэтому подходяще Царю** (подходит Тебе) **начать мироздание с меня, с буквы «тав», и ее свойствами создать мир** (то есть положить в основу всего творения свойства буквы «тав»)».

Все, что есть в нашем мире — все свойства, все характеры, все проявления всех сил — всё это, только в различных комбинациях, есть в каждой букве. Поэтому каждая буква имеет свое собственное начертание, в зависимости от комбинации свойств.

*Всего, как мы знаем, существует 613 свойств, и они обязаны быть в каждом элементе творения, иначе он бы не существовал. Эти 613 свойств в каждом из нас находятся в самых разных сочетаниях, и поэтому все мы различны.*

*То же самое относительно букв. В них также содержатся эти 613 свойств, но в своих определенных, я бы сказал, строго заданных, детерминированных состояниях. Всего 22 таких состояния. И поэтому, хотя комбинаторика из 613 желаний бесконечна — ведь в нее входят и перестановка желаний, и их разные уровни, и различные пропорции в их соединении, — но фиксированных сочетаний, определенных моделей, через которые Творец посылает в наш мир свой свет, их всего 22.*

Так вот, вроде бы буква «тав» может претендовать на то, чтобы ее свойствами был создан мир. Ведь кроме того, что она заканчивает, запечатывает самое главное свойство Творца — «эмэт» (правда, истина), это самая близкая к нам буква, и у нее, очевидно, есть подходящие свойства, чтобы влиять на нас.

Но ей было отказано. «Все хорошее, что в тебе есть в слове «эмэт», — сказал ей Творец, — пришло к тебе от буквы «мэм», от свойства Бины, и только поэтому ты действительно можешь положительно влиять на души. А вообще ты имеешь отношение к слову «мавэт» (смерть)».

Это говорит о том, что перед нами не просто буквы. Как мы, допустим, вращая верньер настройки, производим незначительные изменения в схеме и, тем самым, включаем новый канал связи, так и замена всего лишь одной буквы в слове переводит нас на совершенно другой канал получения света.

Итак, буква «тав», сама по себе, не является тем свойством, с помощью которого может быть создан мир.

Вообще, что значит требование буквы, чтобы ею «был создан мир»? Это значит, что создание мира и его развитие, управление миром и наша реакция на это управление — все это должно происходить на основе свойства, которое содержится в данной букве.

Буква «тав» таким свойством не обладает. Почему? Она последняя буква алфавита, поэтому наиболее удалена от Бины, и поэтому же она очень материальна, груба сама по себе. Только в сочетании со свойством Бины она существует как полезный элемент.

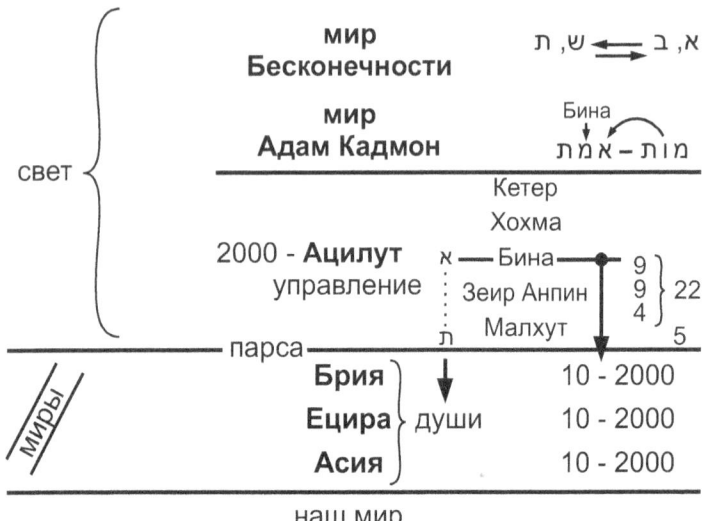

наш мир

**24. Предстала перед Творцом буква «шин» и сказала: «Владыка мира, мною подобает сотворить мир, потому что мною начинается Твое имя — Шадай».**

**Ответил ей Творец:** «Хотя ты хороша, красива и правдива, но так как буквы-свойства слова «шекер» (ложь) взяли тебя быть с ними, не могу Я твоими свойствами создать мир, потому как «шекер» (ложь) существует только благодаря тому, что буквы «куф» и «рейш» взяли тебя».

**Предстала перед Творцом буква «шин» и сказала: «Владыка мира, мною подобает сотворить мир, потому что мною начинается Твое имя — Шадай».**

В чем состоит свойство Творца, которое содержится в Его имени – Шадай? Для того чтобы души не могли принимать свет в свои неисправленные, эгоистические, желания, это свойство ограничивает распространение Высшего света.

Это можно представить следующим образом:

– Высший свет, как свет Хохма, распространяется до парса мира Ацилут;

– от парса и до середины мира Ецира он распространяется, только лишь, как свет Хасадим;

– на распространение ниже этого уровня существует полный запрет.

Этот запрет, эта граница носит название Шадай. На русском языке это означает – до предела, дальше нельзя.

**Ответил ей Творец: «Хотя ты хороша, красива и правдива,..**

Кроме того, что буква «шин» является своего рода охранником, оберегающим души, она – **ш** (это ее конфигурация) – говорит нам о трех линиях управления. Это самое главное, практически, в нашем духовном возвышении.

**...но так как буквы-свойства слова «шекер» (ложь), взяли тебя быть с ними, не могу Я твоими свойствами создать мир, потому как «шекер» (ложь) существует только благодаря тому, что буквы «куф» и «рейш» взяли тебя».**

Но в то же время эта буква употребляется и в других словах, это свойство задействовано и в других комбинациях – не особенно, так сказать, святых, то есть направленных на отдачу и любовь.

*В принципе, каждая из букв, как выяснится в дальнейшем, имеет свой изъян, потому что ни одна буква не в состоянии охватить всю гамму тех качеств, которые нам, находясь в наших эгоистических свойствах, необходимо постепенно вобрать, чтобы стать подобными Творцу.*

*Буквы и их сочетания (мы будем это изучать) — это целые блоки управления нами: «ложь», «правда», «наказание», «вознаграждение» и так далее. Мы начнем их различать в наших свойствах, начнем ощущать, как они действуют внутри нас, откуда появляются, почему именно таким образом проявляются в нас. Более того, мы будем ощущать их движение снизу-вверх, то есть то, какое количества каких элементов — например, кислот, белков — действуют в нас для того, чтобы проявлялись в нас те или иные свойства, чувства.*

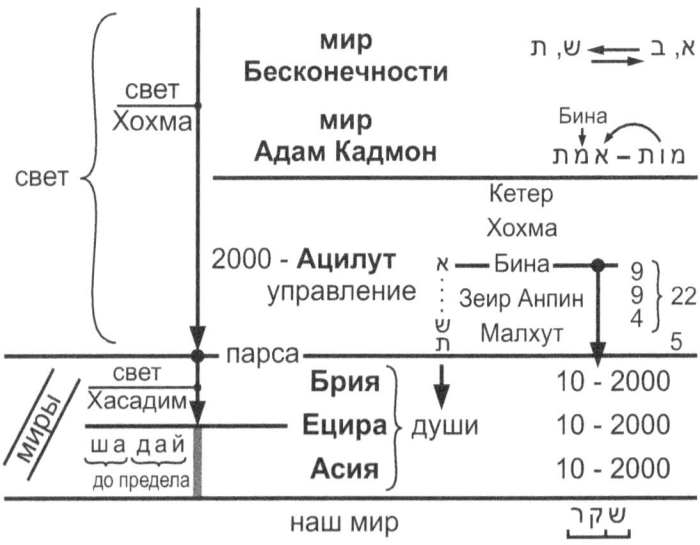

Таким образом, Творец отказал и букве «шин». «Невозможно твоими свойствами достичь Цели творения, — сказал Он, — потому что с твоей помощью буквы «куф» и «рейш» создали систему «нечистых» сил — сил лжи и подделки под «чистые» силы». То есть ложь и обман в мире существуют только лишь потому, что для создания этих свойств привлечено свойство «правда». Поэтому-то очень трудно отличить ложь от правды, и, естественно, очень легко ошибиться и принять одно за другое.

**25. Из вышесказанного следует, что если кто-либо желает сказать ложь, — преуспеет, если вначале скажет правду, как основу, на которой затем вырастет и станет действовать ложь. И это потому, что буква «шин» — это буква правды, в которой объединились праотцы, потому что три линии в начертании буквы «шин» (ш) означают трех праотцев, являющихся сфиротами-свойствами: Хесед, Гвура, Тиферет.**

**Из вышесказанного следует, что если кто-либо желает сказать ложь, — преуспеет, если вначале скажет правду, как основу, на которой затем вырастет и станет действовать ложь. И это потому, что буква «шин» — это буква правды, в которой объединились** начальные элементы творения, называемые **праотцы, потому что три линии в начертании буквы «шин» (ш) означают трех праотцев, являющихся сфиротами: Хесед, Гвура, Тиферет.**

Процесс создания творения можно разделить на два этапа: спуск до самого низкого уровня, абсолютно противоположного Творцу, и затем подъем до уровня Творца.

Первый этап, падение на дно, был бы невозможен, если бы правда и ложь, грязь и чистота, не были так тесно переплетены между собой. В букве «шин» объединились три высших свойства Творца, проявляющиеся нам, — Хесед, Гвура, Тиферет. Эти свойства, как мы знаем, называются праотцы. Мы верим этим свойствам, идем за ними, но за буквой «шин» следуют буквы «куф» и «рейш», которые превращают эти свойства в совершенно противоположное им качество — в ложь.

Таким образом, буквы «куф» и «рейш» полностью снимают с себя претензии на то, чтобы ими был создан мир, потому что они существуют — и то в виде лжи — только благодаря тому, что перед ними стоит буква «шин», которая оправдывает их существование. Буква «шин» коварно завлекает нас в сети «нечистых» сил букв «куф» и «рейш».

Любые лживые качества — все они — начинаются с внешне приятного вида. Я думаю, что на примере нашего мира это понятно всем.

*«Буквы — во мне»? А где они существуют во мне? Они во мне не существуют, мне их надо создать.*

*Сделать это не просто. Для этого мы должны сопоставить в себе два противоположных свойства — свойство отдачи и свойство получения. Этим мы и занимаемся.*

*Ведь не просто кто-то захотел и нарисовал нечто, что называется буквой. Только лишь явное видение сочетаний желания отдавать и желания получать дают нам строение букв. С развитием книгопечатания появились всевозможные шрифты, но, вообще-то, у букв есть строжайше опре-*

*деленное начертание, которое существует в течение тысячелетий. Любое отклонение от этого написания — это искажения буквы, как символа конкретного сочетания двух основных сил: получения и отдачи.*

*Тора написана именно такими, первозданными буквами.*

*И сегодня, если мы раскрываем какой-то древний свиток, то убеждаемся, что это действительно абсолютно тот же текст, то есть абсолютно то же начертание букв, потому что только таким образом мы выражаем символику высших сил.*

Прежде чем перейти к следующей букве, коснемся очень важной темы — числовые значения букв. Числовые значения означают «мощность» каждой буквы — количество эгоизма, заложенного в ней, с помощью которого она, всё-таки, совершает альтруистические действия.

Возьмем для примера буквы, которые мы уже прошли: «тав», «шин», «рейш», «куф». Справа налево, как принято в иврите, — это, соответственно, числа: 100, 200, 300, 400.

С этой точки зрения рассмотрим слово «шекер»: «шин» — 300, «куф» — 100, «рейш» — 200. Итого — 600. Это удельный вес силы, которая называется «шекер». Это много. Ложь — страшная сила в нашем мире.

Теперь у меня появляется возможность работать с этим свойством, как с определенной силой: делить ее на сфирот, на миры, на части — Гальгальта Эйнаим, АХАП, и так далее. Появляется уже возможность работать с каждым из этих элементов.

Но это еще не все, я могу провести структурный анализ каждой буквы.

Буква «шин» на иврите — это: «шин», «юд», «нун», то есть это составное свойство (а ведь я могу разбирать и каждое из составляющих), система сфирот, которые путем взаимных соединений, комбинаций образуют, как в компьютере, единое поле информации. Я могу управлять, оперировать частицами этого поля.

Таким образом, открывается огромное поле деятельности для математиков, для любителей комбинаторики, для тех, кто занимается системным управлением. Даже если они совершенно оторваны от понимания Высшего мира, сам язык, которым это описано, очень интересен и может быть основой для настоящего, правильного описания законов природы.

Итак мы видим, что любое свойство связано с множеством других. Эти свойства настолько переплетены, что все мы находимся в одной системе. Ни один из нас — в своей душе — не свободен от других. Любое, самое незначительное, казалось бы, изменение, движение, отражается буквально на всех. Поэтому мы не можем создавать в себе сосуды восприятия, инструменты восприятия — буквы, если не будем связаны друг с другом. Человек, сам по себе, не в состоянии это сделать.

Подъем над эгоизмом — это подъем в том направлении, где этот эгоизм возник — где разорвалась связь между нами, произошло разбиение. Поэтому желание должно быть общим, и тогда, в мере общности желания, в нем раскрывается Творец. Ни в чем другом.

*Я читаю «Зоар» и хочу проникнуть в мир, который он описывает: какие это желания? какие свойства? Я хочу полностью стереть этот материальный, надуманный мир, эту воображаемую картину. Я хочу видеть не эти земные образы, а связь во мне свойств и желаний.*

*Я стремлюсь к этому, как ребенок, желающий стать взрослым. Этим стремлением я пробуждаю свет, возвращающий меня к Творцу.*

*Я не должен думать об этом свете — стремление увидеть истинную картину вызывает его. Вообще, нет света, возвращающего к источнику, — есть продвинутая картина мира, следующая, более высшая ступень, которая, по сравнению с моей, называется светом.*

*Мое стремление означает, что я стремлюсь к более продвинутому состоянию отдачи. Оно для меня свет.*

*Свет мы воспринимаем как особые возбуждения в желании. Буквы — это запись соотношений света и желания.*

# Буквы рабби Амнона Саба

(третья часть, п.п. 26-37)

В принципе, все буквы представляют собой набор всего лишь нескольких элементов, которые, соединяясь между собой в различных комбинациях, образуют новые формы, новые буквы.

Рассмотрим, например, что представляет собой буква «алеф» — первая буква алфавита.

Есть буква «вав» — вертикально стоящая палочка с утолщением наверху. Эта же палочка, стоящая под углом в 45 градусов, обозначает возможность (только лишь) прохождения света, а буквы «юд», находящиеся сверху и снизу, показывают, что свет из Высшего мира действительно проходит под парсу.

А если свет не проходит... Тогда буква имеет другое начертание. Та же наклонная палочка, над ней буква «юд», означающая, что сверху существует свет Хохма, а под ней, вместо буквы «юд», возможна буква «далет», которая означает, что внизу света нет.

Таким образом, буквы, с одной стороны, представляют собой обычный текст, а с другой стороны, — это, своего рода, изображения свойств и их сочетаний. Информация, которую содержат буквы, непосредственно влияет на тебя. С чем это можно сравнить? Когда музыкант читает ноты, он слышит мелодию, она звучит в нем. То же самое и буквы: когда человек начинает ощущать в себе их свойства, то при чтении они как бы играют в нем.

Вообще-то, стоит привыкать к форме букв. Это ведь не буквы алфавита — это сочетания векторов, сил, которые в нас существуют. Вы их будете даже видеть.

Иврит — это язык, который возник вместе с появлением каббалы, вместе с появлением людей, которые начали постигать Высший мир. Первая книга на этом языке была написана 5770 лет назад. Называется она «Разиэль а-малах» (Тайный ангел). Написал ее Адам — человек, который первым постиг Творца. А затем уже из Древнего Вавилона началось широкое распространение этого языка.

Иврит — не язык, сам по себе. Он рассказывает нам:

— о распространении света Хасадим (свойство отдачи) справа налево или слева направо;

— о распространении света Хохма (свойство наполнения со стороны Творца относительно творения; со стороны творения, Хохма — это свойство получения) снизу вверх или сверху вниз;

— об их совмещении между собой, когда они — Хохма и Хасадим — образуют самые разнообразные формы.

Эти формы и есть буквы, каждая из которых и каждый элемент которых указывают на то, что существует определенное совмещение сил получения и отдачи, образующее такую систему. Практически, это всего лишь две вертикальные и две горизонтальные пластины (минус, плюс) — как на экране осциллографа — между которыми создаются некие фигуры.

Вот и все. Отсюда и происходят все наши буквы.

Поэтому неважно, читаете ли вы «Зоар» на иврите или нет. Смотреть на эти буквы полезно, потому что с помощью этих букв подсознательно происходит получение информации.

Они очень неудобные, эти буквы. Они трудно воспринимаются нами, потому что мы эгоисты.

Я их просто ненавидел, я их отталкивал от себя. А потом, постепенно-постепенно, они вдруг начинают разговаривать с тобой, ощущаются в тебе, а не вне тебя...

Так что, буквы — это, вообще, очень интересная, очень глубокая и, вместе с тем, очень деликатная тема.

**26. Предстала буква «цади» перед Творцом и сказала: «Владыка мира, стоит мною сотворить мир, потому как мною отмечаются «цадиким» — праведники. Также и Ты называешься «Цадик» — праведник, Ты сам записан во мне, потому что Ты — праведник и любишь праведность. Поэто-**

му подходящи свойства мои, чтобы создать ими мир».

Мы изучаем буквы в обратном порядке, то есть: «тав», «шин», «рейш», «куф», и теперь буква «цади».

**Предстала буква «цади» перед Творцом и сказала: «Владыка мира, стоит мною сотворить мир…**

Почему «цади» считает, что ее свойства могут быть основой мира?

Буквы «куф», «рейш», «шин» и «тав» относятся, как мы с вами говорили, к Малхут мира Ацилут, которые, начиная уже с буквы «куф», связаны с миром клипот.

Буква «цади» стоит выше. Она последняя буква парцуфа Зеир Анпин, и поэтому именно она проводит свет из Зеир Анпина в Малхут. Она полностью находится в свойстве отдачи. Отсюда и «цадик» (праведник).

Так почему бы ею не создать мир? Она и говорит Творцу об этом. «Ты — праведница, — ответил ей Творец, — но должна ты быть скрыта и не раскрываться настолько, чтобы тобой начать сотворение мира, чтобы не давать повода миру».

Творец объясняет свой отказ тем, что хотя буква «цади», сама по себе, и праведна, и свята, но она находится слишком близко к системе нечистых сил, к клипот, среди которых находятся неисправленные души. Если ею создать мир, то эти души в своем эгоистическом состоянии будут эгоистически получать хорошую подпитку и никогда не смогут исправиться.

Поэтому Творец не создает ею мир.

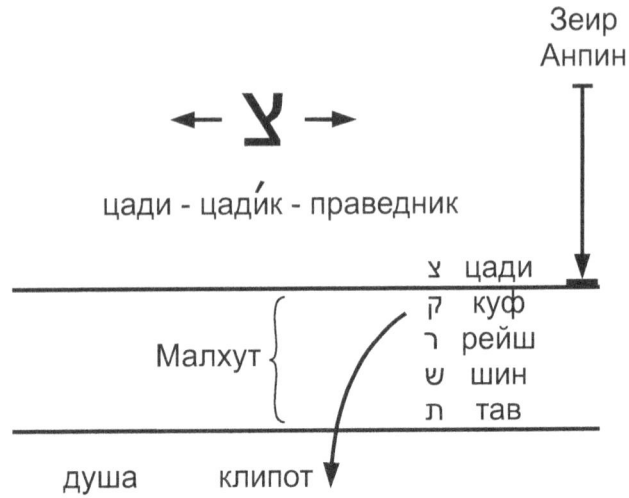

27. Вошла буква «пэй» и сказала: «Владыка мира, хорошо мною создать мир, потому как будущее освобождение мира записано во мне, ибо слово «пдут» (освобождение, избавление) начинается с меня. То есть освобождение — это избавление от всех страданий. И потому стоит мною сотворить мир».

Ответил ей Творец: «Хоть и хороша ты, но с тебя начинается и тобою втайне обозначается слово «пэша» (прегрешение), подобно змею, жалящему и прячущему голову в свое тело».

Как грешащий склоняет голову, пряча себя от постороннего взгляда, а руки протягивает — грешить ими, так и вид буквы «пэй», голова которой скрыта в себе.

И также ответил Творец букве «аин», что непригодно ее свойствами создать мир, потому что в ней есть свойство «авон» (грех). И хотя пыталась та возразить, что есть ее свойства в слове «анава» (скромность), все равно отказал ей Творец.

**Вошла буква «пэй» и сказала: «Владыка мира, хорошо мною создать мир, потому как будущее освобождение мира записано во мне, ибо слово «пдут» (освобождение, избавление), начинается с меня. То есть освобождение — это избавление от всех страданий. И потому стоит мною сотворить мир».**

Очень интересная буква, похожа на спрятавшую голову змею (печатное написание — слева, письменное — справа). Может произноситься и как звук «п», и как звук «ф».

А почему же она такая «змеевидная», если это освобождение?

**Ответил ей Творец: «Хоть и хороша ты, но с тебя начинается и тобою втайне обозначается слово «пэша» (прегрешение), подобно змею, жалящему и прячущему голову в свое тело».**

На этом заканчивается разговор Творца с буквой «пэй». Он не хочет иметь с ней дело.

**Как грешащий склоняет голову, пряча себя от постороннего взгляда** (как красиво, как поэтично говорит «Зоар» с нами, прочувствуйте это), **а руки протягивает — грешить ими, так и вид буквы «пэй», голова которой скрыта в себе.**

В общем-то, «пэй» очень нужная буква, и смотрите, какие две противоположные силы. С одной стороны, освобождение — что же может быть лучше? — освобождение от зла, от страданий... С другой стороны, «пэша», то есть прегрешение, преступление.

Разве это возможно? Но в духовном мире именно так и происходит: одна и та же сила — если ее использовать или ради себя, или на отдачу, — она может быть или прегрешением, или освобождением.

Ну, и кроме того, невозможно рождение новой ступени, если «змея не жалит», то есть если не последует эгоистический удар. Только тогда раскрывается выход из духовной матки — из Бины.

И поэтому, с одной стороны, — преступление, и с другой стороны, — оно же переходит в освобождение.

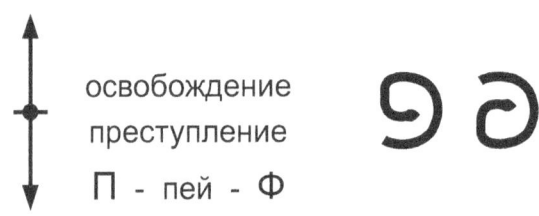

**И также ответил Творец букве «аин», что непригодно ее свойствами создать мир, потому что в ней есть свойство «авон» (грех). И хотя пыталась та возразить, что есть ее свойства в слове «анава» (скромность), все равно отказал ей Творец** (прегрешение и скромность, в принципе, связаны друг с другом: скромничает тот, кто ощущает, что за ним где-то числится грех).

Рассмотрим подробнее причину отказа Творца.

Как всегда, обратимся к чертежу. Не будем повторять то, что мы уже знаем, а сразу начнем с буквы «аин».

Буква «аин» относится к сфире Ход парцуфа Зеир Анпин. Она олицетворяет собой скромность, смиренность (вот это хорошее слово), кротость.

Так почему бы буквой «аин» не построить мир? Да потому, что наши грубые, эгоистические желания сразу бы «присосались» к ней, захотели бы использовать ее деликатность в своих интересах. И только потом, когда наши души, исправляясь, постепенно поднимаются в мир Ацилут, Творец использует эту букву.

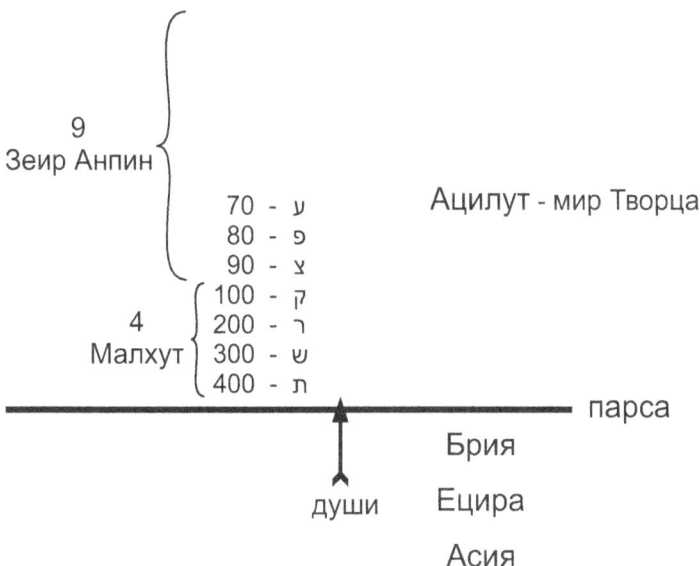

*Мы можем задаться очень интересным вопросом: «Почему в иврите, несмотря на отсутствие гласных, существует двадцать две буквы? Кажется, что можно было сделать намного меньше?»*

*Допустим, звук «т» — буквы «тэт» и «тав»; звук «к» — буквы «куф» и «каф»; звук «а» — буквы «алеф» и «аин». И так далее. То есть существует много парных букв. А зачем они нужны? Сокращать алфавит — иврит, ведь, очень сокращенный алфавит — так уж сокращать...*

*Дело в том, что мы не можем произвольно сокращать алфавит, потому что каждая буква олицетворяет собой определенную духовную силу. Например, буквы «алеф» и «аин». Чем они разнятся друг от друга? «Алеф», в своей исключительности, стремится возвыситься, а «аин», наоборот, — стремится понизить себя.*

*Мы видим, как попеременно проявляются в человеке такие двоякие свойства: «мы рождены, чтоб сказку сделать былью» — вот она, буква «алеф»; а иногда, наоборот, «лечь бы на дно, как подводная лодка» — чем не буква «аин».*

| ע א | כ ק | ט ת |
|---|---|---|
| аин-алеф | каф-куф | тав-тэт |

**28.** Предстала перед Творцом буква «самех» и сказала: «Владыка мира, хорошо моими свойствами создать мир, потому как есть во мне «смиха» — поддержка для падающих. Как сказано: "Поддерживает (сомэх) Творец всех падающих"».

Ответил ей Творец: «Потому-то необходима ты на своем месте, и не сходи с него. Но если сдвинешься со своего места, что в слове «сомех» (поддержка), потеряют опору в тебе падающие, потому как они опираются на тебя — на твои свойства».

Услышав это, отошла в сторону буква «самех».

Предстала перед Творцом буква «самех» и сказала: «Владыка мира, хорошо моими свойствами создать мир, потому как есть во мне «смиха» — поддержка для падающих...»

**Ответил ей Творец: «Потому-то необходима ты на своем месте, и не сходи с него. Но если сдвинешься со своего места**, то потеряешь эту **опору**, которую обретают в тебе те, кто поднимаются, которые **опираются на твои свойства».**

Буква «самех» — сфира Нецах — очень интересная буква, основополагающая буква для развития творения. Почему?

Когда души, в процессе подъема, достигают свойства «самех», то они, при этом, получают очень серьезную поддержку от сфиры Нецах. Сфира Нецах — это сфира Моисея, своего рода стена, окружающая Бину. Это отражено в форме буквы «самех» — замкнутое, защищенное пространство.

Существуют всевозможные формы написания этой буквы — более квадратные, или более овальные. Это зависит от того, о каком именно свойстве буквы «самех», или о каком проявлении этого свойства, мы ведем речь, то есть: где и в чем проявляет себя эта буква как поддерживающее свойство для душ, которые входят в нее.

Человек (имеется в виду душа), достигнув соответствующего состояния, входит в букву «самех», как в Ковчег Завета, в Ковчег Ноаха (Ноя), то есть в совершенно закрытое пространство, внутри которого действуют сохраняющие, согревающие, оберегающие силы. И если человек, как зародыш в утробе матери, абсолютно аннулирует себя, готов никоим образом себя не проявлять, то под защитой сил свыше он «получает» полные девять сфирот и в десятой сфире, в Малхут, рождается, то есть поднимается на следующую ступень своего развития.

Можно сказать, что буква «самех» — это аналог системы, которая существует в женщине для рождения ребенка.

Таким образом, Творец не может ни «спустить», ни «поднять» букву «самех». Она должна стоять именно на том уровне, которого — своими силами — должна достичь душа, войти в свойство Бины, и уже с ее помощью подниматься дальше.

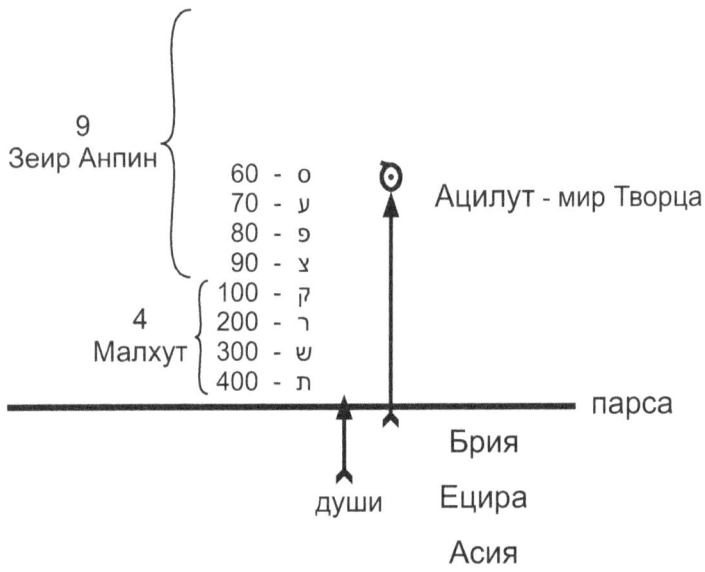

**29. Вошла буква «нун» и сказала Творцу: «Владыка мира, хорошо мною устроить мир, ведь мною написано: «Нора тэилот» (Величественен в вос-**

хвалениях), а также о восхвалении праведников сказано: «навэ тэила» (приличествует восхвалять)».

**Ответил ей Творец: ««Нун», вернись на свое место, ведь из-за тебя вернулась буква «самэх» на свое место. И опирайся на нее».**

То есть, с буквы «нун» начинается слово «нэфила» (падение), и буква «самэх» вернулась вследствие этого на своё место, чтобы укрепить низших.

**Немедленно отошла от Него буква «нун».**

Буква «нун» — на самом деле очень совершенная буква. Ее численное значение — 50 — это, в общем, свойство любой души (Кетер, Хохма, Бина, Зеир Анпин, Малхут — пять сфирот, по десять в каждой — это 50). Отсюда выражения: «пятьдесят врат души», или «пятьдесят врат Бины». «Нун» олицетворяет собой верхнюю, «чистую», часть Бины.

Бина (от слова «авана» — постижение, познание) — это свойство, с помощью которого происходит становление человека.

Но Творец отослал букву «нун» на «свое место», рядом с буквой «самех», потому что эти буквы не могут существовать друг без друга. Бина разделяется на две части:

— верхняя — Гальгальта Эйнаим, чистая Бина — буква «нун»;

— нижняя — ЗАТ де-Бина, рехем (матка) — буква «самех».

Поэтому и существуют вдвоем эти буквы, поддерживая друг друга.

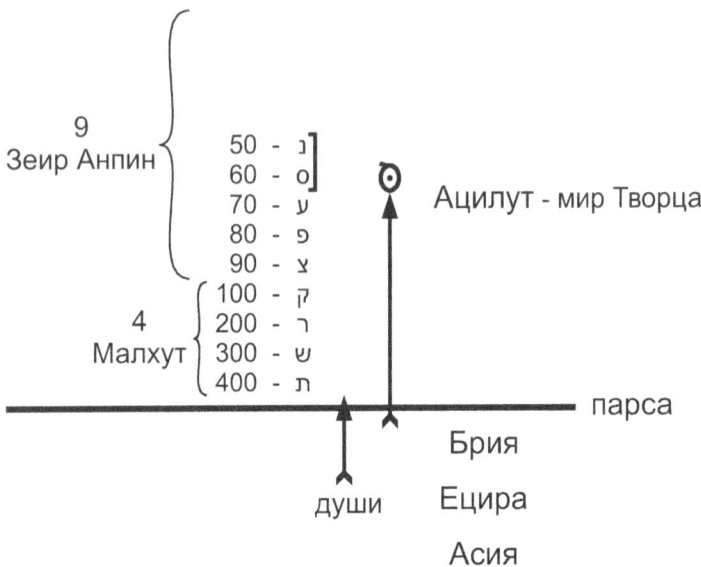

**30. Вошла буква «мэм» и сказала: «Владыка мира, хорошо мною создать мир, потому что мною начинается слово «мэлех» (царь)».**

**Ответил ей Творец: «Верно это, но не сотворю мир тобою, потому что миру нужен царь. Вернись на свое место. А также не сотворю Я мир буквами «ламед» и «хав», составляющими слово «мэлех», потому что не может существовать мир без царя».**

«Мэм», как, впрочем, и все буквы, имеет свою особенность.

В чем же особенность этой буквы? — Через нее проходит весь свет творения.

Поэтому-то с нее начинается слово «мэлех» (царь). И поскольку через нее проходит вся огромная сила света Хохма, она не может управлять душами, потому что для правильного развития душ нужен свет исправления — свет Хасадим, а не свет наполнения — Хохма.

По той же причине в «создании мира» было отказано и букве «ламед» — ведь она, как и буква «мэм», участвует в формировании понятия «мэлех», то есть в формировании свойства, которое олицетворяет собой весь свет свыше, нисходящий на творение.

Изучив свойства уже одиннадцати букв, мы видим, что все они должны быть именно на своих местах, и никакие перестановки между ними невозможны.

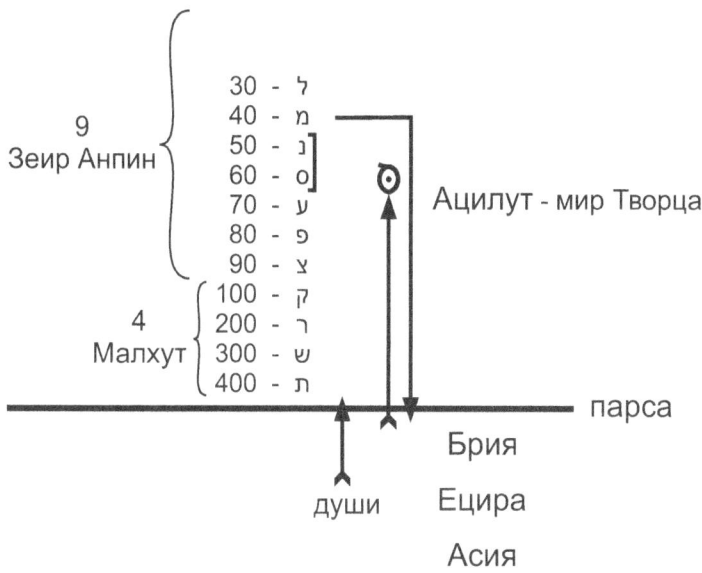

**31. В это время снизошла с «кисэ» (трона) Творца буква «каф» («хав») и предстала перед Творцом. Вострепетала и сказала Ему: «Владыка мира, достойна я стать своими свойствами основой мира, потому что я — «кавод» (величие Твое)».**

**Когда спустилась буква «каф» с трона Творца, вострепетали все миры и сам трон почти до разрушения.**

**Сказал ей Творец: «"Каф", что тебе делать здесь? Не создам Я тобою мир, вернись на свое место. Ведь ты — в слове "клая" (истребление), и в слове "кала"(невеста)».**

Следующая буква — буква «каф» («хав») — означает трон, подножие, платформу, с которой обращается к душам высшее управление.

«Достойна я стать основой мира, — говорит она Творцу, — потому что я — величие Твое, потому что через меня Ты осуществляешь свое управление». Но **когда спустилась буква «каф» с трона Творца, вострепетали все миры и сам трон почти до разрушения.**

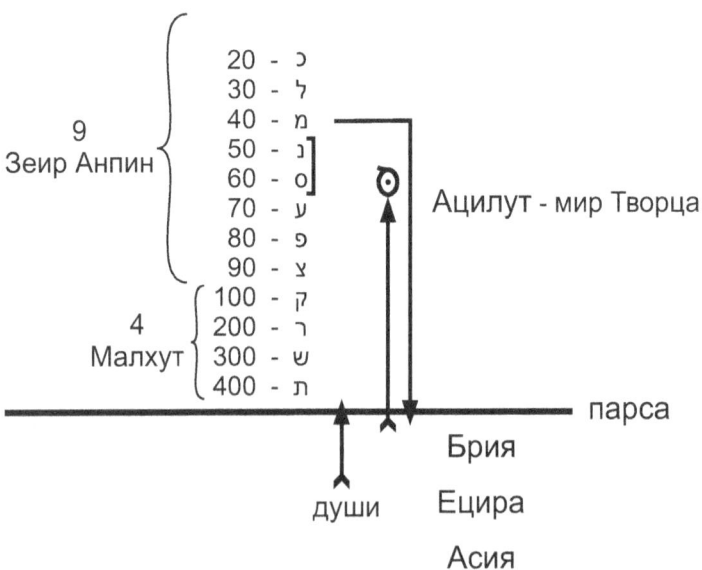

Поэтому ответил ей Творец: «Как только ты начнешь спускаться ближе к творениям, то среди них сразу же возникнут огромные силы истребления. Ты должна быть на той высоте, где находишься, и оттуда Я должен проводить управление. **Не создам Я тобою мир, вернись на свое место»._

**32. Вошла буква «юд» и сказала: «Владыка мира! Хорошо мною сотворить мир, потому что мною начинается твое святое имя».**

**Ответил ей Творец: «Достаточно того, что ты вписана в мое имя, в Меня, и все твои стремления ко Мне, и нельзя удалять тебя из всего этого».**

Последняя буква, из относящихся к Зеир Анпину, — это буква «юд».

В чем особенность этой буквы? — С нее начинается раскрытие Творца творению.

Мы знаем, что раскрытие Творца — это пять стадий распространения Высшего света. Высший свет исходит из корня (нулевая стадия) и затем распространяется по четырем стадиям: первая обозначается буквой «юд», вторая — буквой «хэй», третья — буквой «вав» и четвертая, последняя, — опять буквой «хэй».

Первая стадия — буква «юд» — знаменует собой начало раскрытия Творца.

Так почему же и ей отказал Творец в праве «сотворить мир»?

Буква «юд» — это свойство раскрытия Творца — должна быть достаточно удалена от нас, для того чтобы не было непосредственного контакта между нами и Творцом. В противном случае, у нас не будет даже понятия «свобода воли», и мы — подобно ослику, неустанно бегущему за морковкой, подвешенной перед его носом, — будем инстинктивно действовать под управлением Творца.

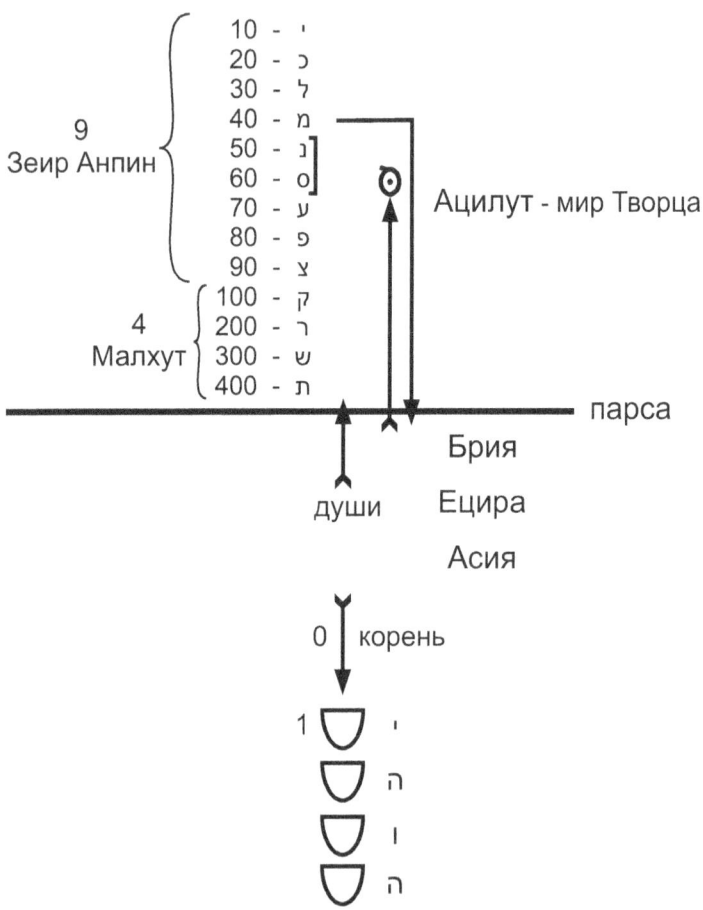

Таким образом, мы закончили изучение букв, относящихся к Зеир Анпину. Это девять основополагающих букв во влиянии на нас. Буквы, которые находятся выше них, слишком удалены от нас. Буквы, которые находятся ниже них, слишком тесно связаны с клипот, с нечистыми силами. А эти буквы строго, точно проводят на нас управление Творца.

*Какое значение имеет последовательность букв в Торе?*

*Перед нами душа, и из нее надо сделать подобие Творцу. Буквы Торы — от первой и до последней — выстраиваются в ряд и начинают воздействовать на эту бесформенную груду желания. Они начинают обрабатывать его, делить на части: эту часть я могу исправить сейчас, эту — отложить на потом, а с этой — надо что-то придумать...*

*Что же тогда «слова»? Это просто свойства, которые нанизываются одно на другое, одно на другое, и, таким образом, из огромного эгоистического желания начинают лепить-лепить-лепить подобие Творцу.*

*Когда мы изучаем, каким образом все это создается, мы вдруг обнаруживаем самые разнообразные перекрестные связи в Торе. Например, замена букв. Буквы, как в регистре, сдвигаются, и заменяется: первая на вторую, вторая — на третью, третья — на четвертую... Или, допустим, первая заменяется на последнюю, вторая — на предпоследнюю... И так далее, и так далее. И это во всем тексте, или в одну, или в обратную сторону.*

*То, что для нас кажется совершенным сумбуром, на самом деле является четкой програм-*

*мой действий. Все это выражение определенных духовных свойств, законов. Мы используем эти свойства, как используем законы нашего мира, для того чтобы улучшать эту духовную конструкцию, душу, доводя ее до подобия Творцу.*

*Об этом много говорится в каббале, в основном, в книге «Зоар».*

Мы подошли к следующему уровню букв — к буквам, относящимся к Бине. К ней относятся девять букв, от «тэт» до «алеф». Мы идем снизу вверх.

**33. Вошла буква «тэт» и сказала: «Владыка мира, хорошо мною создать мир, потому что мною Ты назван хорошим».**

**Ответил ей Творец: «Не создам Я тобою мир, ибо твое хорошее скрыто в самой тебе и невидимо. И потому нет ему части в этом мире, который Я желаю создать, а только в будущем мире раскроется оно. А поскольку твое хорошее скрыто в тебе, утонут в земле врата дворца. Потому что буква "хэт" напротив тебя, а когда соединитесь вместе, получится слово "хэт" (прегрешение). И потому не записаны эти две буквы в именах святых колен».**

**Немедленно отошла в сторону буква «тэт».**

**Вошла буква «тэт» и сказала: «Владыка мира, хорошо мною создать мир, потому что мною Ты назван — "тов" — хорошим».**

От буквы «тэт» — через все остальные буквы — исходит доброе воздействие Творца на творение.

Вы могли бы спросить у меня: «Пока ее доброе свойство, это доброе воздействие, пройдет через такие плохие, жуткие свойства остальных букв, что от него останется?»

Это был бы очень правильный вопрос... Я его задал, и я на него отвечу.

Дело в том, что каждая из букв является, своего рода, ретранслятором — каждая из них генерирует свои свойства на своей, присущей только ей частоте, каждая из них действует избирательно, и поэтому никоим образом не препятствует прохождению свойств остальных букв до конечной цели.

Буква «тэт» хочет произвести доброе («тов» — это добро) воздействие на души. Под ней находятся буквы, которые, может быть, намного «сильнее» ее. Это не имеет значения, они проводят ее свойства.

**Ответил ей Творец: «Не создам Я тобою мир, ибо твое хорошее** доброе начало **скрыто в самой тебе и невидимо. И потому нет ему части в этом мире, который Я желаю создать** (в нашем низшем мире), **а только в будущем мире раскроется оно. А поскольку твое хорошее скрыто в тебе, утонут в земле врата дворца. Потому что буква "хэт"** (следующая буква — "хэт", очень нехорошая буква) **напротив тебя, а когда соединитесь вместе, получится слово "хэт" (прегрешение)».**

То есть и буква «хэт», и само слово «хэт» — это прегрешение. А в конце слова «хэт» находится буква «тэт» и потому они связаны между собой. Поэтому говорит Творец: «Не могу Я тобой создать мир, ведь ты связана с "хэт". Если исправляется "хэт", то обращается в "тов" (грех — в добро), а если нет, то ты этот грех еще и укрепляешь, и благодаря тебе он существует».

И потому не записаны эти две буквы в именах святых колен (то есть в тех свойствах, с помощью которых можно достичь подобия Творцу)».

*Буквы — это очень серьезные источники информации, они воздействуют на нас изнутри.*

*Каким-то образом, хоть чуть-чуть, постарайтесь не то, чтобы понять, но проникнуться тем, что сейчас, в данный момент, вы чувствуете, видите, то, что с вами произойдет, возникающие в вас желания, свойства, мысли, — это все определяют буквы, которые в соответствующих последовательностях нисходят на вас и на вас влияют.*

**34. Вошла буква «заин» и сказала: «Владыка мира, хорошо сотворить мною мир, потому что мною соблюдается шаббат, по сказанному: "Помни (зхор) день субботний, дабы соблюдать его"».**

**Ответил ей Творец: «Не создам тобой мир, потому как есть в тебе сила войны, потому что делаются тобою сабли и мечи, называемые "кли зиун" (вооружение). И ты, как буква "нун", которой не создан мир, потому как есть в ней "нэфила" (падение)».**

**Услышав это, вышла от Него буква «заин».**

— **Хорошо сотворить мною мир,** — обратилась к Творцу буква «заин», — **потому что мною соблюдается** суббота.

— **Не создам тобой мир,** — ответил ей Творец, — **потому что есть в тебе сила войны**, и, кроме того, с твоей помощью изготавливается оружие. **И ты, как буква «нун», которой не создан мир**, потому что она — это свойство падения.

Он напоминает о том, что буква «нун» не была использована еще и потому, что она означает собой свойство «нэфила» (падение).

**Услышав это, вышла от Него буква «заин».**

Букву «заин» невозможно использовать для исправления мира, потому что ее свойства используются для приготовления и ведения войны, для изготовления орудий войны. То есть с помощью этой буквы хорошо вести войну, и это необходимо — вести войну, но это все-таки не то свойство, с помощью которого исправляется мир.

Буква «заин» — очень важная буква, но не для исправления мира.

**35. Вошла буква «вав» и сказала: «Хорошо мною создать мир, потому что я буква из твоего имени АВАЯ (юд-хэй-вав-хэй)».**

**Ответил ей Творец: "Вав", и тебе, и букве "хэй" должно быть достаточно того, что вы находитесь в Моем имени. И потому не сотворю Я мир вашими свойствами».**

На пути к конечному, целевому, состоянию (мы не раз об этом говорили) творение проходит четыре стадии развития, которые обозначаются буквами: «юд», «хэй», «вав», «хэй».

И букве «вав», а заодно, и букве «хэй», Творец отказал в их желании участвовать в создании мира, поскольку обе эти буквы находятся в Его имени – АВАЯ. Авторитет этого имени подавит любую возможность самостоятельного участия человека в процессе исправления, что абсолютно противоречит замыслу Творца.

*Правильная учеба — это всегда соединение разума и чувства.*

*Так мы исследуем свое желание насладиться: с одной стороны, можно говорить об ощущениях, как книга «Зоар», а с другой, — о научных определениях, которые добавляет Бааль Сулам в своем комментарии «Сулам» на оригинальный текст «Зоара».*

*Ученик должен пытаться соединить два эти подхода вместе, чтобы объединились его сердце и разум:*

— чтобы, с одной стороны, он мог чувствовать и понимать, почему он так чувствует, за счет каких сил и действий Творца в его желаниях, и что в этих желаниях происходит;

— а с другой стороны, чтобы мог сам вызвать эти действия Творца на себя, зная их и умея правильно отмерять, и восхищаться, и чувствовать происходящее в нем.

*В этом вся наша работа — ведь Творец хочет, чтобы мы работали с созданным Им материалом и властвовали над ним. Так мы постигаем Его разум, замысел Творения.*

*А люди, незнакомые с наукой каббала, думают, что это мистика и фантазии. Они не понимают, что это реальная работа над материалом творения, всей реальностью, с полным осознанием и контролем. Ты управляешь и самим собой, и действиями Творца, ведь все происходит только по твоему выбору.*

**36. Предстали перед Творцом буквы «далет» и «гимель». Но сразу же ответил им Творец: «Достаточно, что вы обе вместе, чтобы, пока не исчезли бедные (далот) с земли, было кому творить милосердие (лигмоль хесед). Поэтому не можете вы расстаться, и достаточно вам таким образом помогать друг другу».**

«Далет» означает нуждающихся, а «гимель» — милосердие.

Представьте себе или больного, или старого, или чрезвычайно усталого человека: «Ну, ничего мне не надо. Только оставьте меня в покое...»

Значит, не надо от него ничего требовать, а надо оставить его в покое и дать ему возможность вот в таком состоянии тихо мирно существовать.

Воздействие свойств «далет» и «гимель» заключается именно в том, что они просто поддерживают души, находящиеся в подобном состоянии. Этими свойствами, конечно, невозможно исправлять мир.

**37. Вошла к Творцу буква «бет» и сказала: «Владыка мира, хорошо мною сотворить мир, потому что мною благословляют Тебя и высшие, и низшие. Ведь "бет" — это браха (благословение)».**

**Ответил ей Творец: «Конечно, тобою Я создам мир, и ты будешь началом мира!»**

Тора начинается словом «Берешит», а это слово начинается буквой «бет».

Почему? Потому что это единственное свойство, которое исходит непосредственно от Творца, проходит через все буквы и в своем первозданном виде достигает самых низких ступеней. Воздействие этого свойства, то есть сила исправления, исходящая из буквы «бет», — она и исправляет нас, а все остальные буквы только лишь формируют нас под это исправление.

Таким образом, — что исправляет нас на самом деле? — благословение Творца, когда Он желает нас исправить.

Естественно, возникает вопрос: «А зачем тогда буква "алеф"»? То есть буквой «бет» создан мир, все понятно. А буква «алеф», — для чего же она создана, и вообще, что в ней есть? Об этом мы с вами поговорим в следующий раз.

*Мы изучаем очень сложную и, вместе с тем, чрезвычайно интересную, чрезвычайно любопытную систему. Но мы ее не чувствуем...*

*Моему младшему внуку полтора года, а я хочу, допустим, заинтересовать его тем, что предназначено для детей десятилетнего возраста. Ну, так для него это пустой звук.*

*Существуют такие каббалистические источники, которые нам надо изучать, не для того чтобы понимать, не для того чтобы восторгаться. Хотя и то, и другое в какой-то степени присутствует... В вас постепенно — вы пока не представляете этого — создается система знаний, система ощущений, система восприятия, совер-*

шенно отличная от той, что существует у вас в природном виде.

Совершенно неважно, что вы ничего не поняли и быстренько забыли то, что я вам рассказывал. Все равно, в тот момент это было каким-то образом с вами связано, это на вас воздействовало. Желаете вы того или нет, вы этим пропитываетесь, проникаетесь, и таким образом развиваетесь.

С этой точки зрения, буквы — это трафареты, через которые проходит Высший свет и выжигает в нас, в нашей памяти, в нашем желании, свои свойства. Если мы возьмем все эти двадцать семь свойств, которые обозначают буквы, и начнем их правильно расставлять между собой, то мы придем к тексту Торы, и обнаружим, что мы сами написали ее на своем желании: «Вначале создал Творец...» и далее, далее, далее, до самого конца этой книги. Так и сказано: «Напиши Тору на своем сердце». Сердце — это желание человека.

Свой эгоизм, эту бесформенную груду праха, мы сами — с помощью букв — должны превратить в сложнейший организм, то есть: из неживого — в растительное, в животное, в человека, и — последний этап — в Творца.

Буквами создан мир, буквами движется мир. Мы этого еще не понимаем, но мы должны изучать азы, а затем начнем понимать, как это работает.

# Буквы рабби Амнона Саба
(окончание, п.п. 38-39)

*Все творение — это игра. Творец создал мироздание и человека в нем, чтобы, в правильной связи с окружающим его мирозданием, человек развился и достиг подобия — создавшему его и мироздание — Творцу.*

*Сейчас все мы должны подняться на первую духовную ступень. Мы не видим ее. Это как в игре: я играю и не знаю, что происходит, исход игры неизвестен. Все развивается в форме игры. Игра означает, что я нахожусь на определенной ступени, а следующую ступень не могу распознать. Но я прикладываю всевозможные усилия, чтобы ее достичь.*

*Дети — они не учат язык, как мы, не изучают науки — они все время играют, но за счет этих игр вдруг умнеют, начинают говорить и понимать. Они поглощают в себя окружающий мир своим желанием его понять.*

*Так и мы относительно духовного мира. Нам нужно только желание ощутить его, а после ощущения — понять, воспринять его внутри себя. Ведь мы представляем собой сосуд ощущения, желание. А понимание и разум приходят вслед за желанием.*

*Каббалисты, уже перешедшие в другую реальность, говорят нам: «Вы же спите, вы смотрите кино! Поднимитесь над ним, то есть проснитесь!»*

*Будем надеяться, что сейчас зазвонит будильник, и мы вскочим, проснувшись в другом кино...*

Мы с вами прошли все буквы и остановились на букве «бет». С помощью именно этой буквы Творец создал мир. Почему? Потому что это начальная буква слова «браха» — благословение.

Практически благословение означает, что когда я благословляю Творца, то со стороны Творца на меня нисходит ор Макиф — строящий меня, исправляющий меня свет.

*Ор Макиф — это сила, действующая на вас с более исправленного, то есть с более альтруистического состояния, в мере вашего стремления к этому состоянию.*

*Такое же взаимодействие сил существует и в нашем мире. Отличие в том, что в духовном мире эта сила не просто притягивает вас, но и изменяет вас в подобие новому состоянию.*

*Чтобы отсеять сомнения, проверьте это на себе!*

А затем должна прийти к Творцу буква «алеф».

**38. Стояла буква «алеф» и не вошла предстать перед Творцом.**

**Сказал ей Творец: «Почему ты не входишь ко мне, как все остальные буквы?»**

**Ответила ему: «Потому что видела, что все остальные буквы вышли от Тебя без желанного ответа. И, кроме того, видела я, как Ты дал букве "бет"этот большой подарок. А ведь не может Царь вселенной забрать обратно свой подарок и передать его другому!»**

**Ответил ей Творец:** «Хотя с буквой "бет" Я создам мир, но ты будешь стоять во главе всех букв, и не будет во Мне единства, как только через тебя. С тебя всегда будет начинаться расчет всего и все деяния этого мира. А все единство только в тебе».

**Стояла буква «алеф» и не вошла предстать перед Творцом.**

**Сказал ей Творец:** «Почему ты не входишь ко мне, как все остальные буквы?»

**Ответила ему:** «Потому что видела, что все остальные буквы вышли от Тебя без желанного ответа** (Ты всем отказываешь, так зачем мне входить). **И, кроме того, видела я, как Ты** уже **дал букве "бет" этот большой подарок** (что с помощью этой буквы "бет", браха, Ты создашь мир). **А ведь не может Царь вселенной забрать обратно свой подарок** (от одной буквы, от одного свойства) **и передать его другому!»**

Царь, Владыка мира, безусловно, понимает, каким именно свойством Он должен создать мир, чтобы привести его к строго определенной, намеченной Им цели. Значит, нет места ни жалобам, ни протекции. Творец ставит перед собой задачу и Сам выбирает метод ее решения.

**Ответил ей Творец:** «Хотя с буквой "бет" Я создам мир, но ты будешь стоять во главе всех букв, и не будет во Мне единства, как только через тебя. С тебя всегда будет начинаться расчет всего и все деяния этого мира. А все единство только в тебе** (в букве "алеф")».

Таким образом, буква «алеф» представляет собой Цель Творения — единство, единение. Поэтому ее числовое значение — единица. А буква «бет» является средством достижения этой Цели.

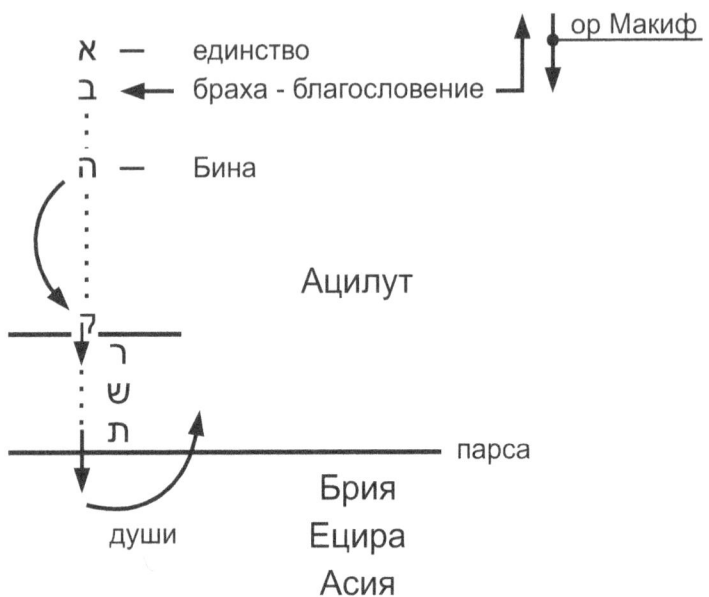

Можно сказать иначе: буква «бет» — это сила исправления, а буква «алеф» — это система исправления, методика исправления.

Обратимся к чертежу.

Любое творение — или все творение в целом, или любая его, мельчайшая, часть — состоит из пяти частей: Кетер, Хохма, Бина, Зеир Анпин и Малхут.

Что эти части представляют собой, исходя из четырех стадий распространения Прямого света:

— корень, Кетер, из которого нисходит свет;
— стадия 1 — Хохма, получение;
— стадия 2 — Бина; поскольку свойство получения обнаружило себя получающим, противо-

положным Творцу, то стадия 2 захотела отдавать (отдача);

– стадия 3 – Зеир Анпин (можно сказать, что это маленькое подобие Творцу); поскольку эта стадия состоит из предыдущих – из свойств получения и отдачи, она захотела стать подобной Творцу, то есть – получать, чтобы отдавать;

– стадия 4 – Малхут; Малхут – это царство желания: «Я желаю только получать, причем, получать и наслаждение, и статус Творца. Получать абсолютно все».

Если мы проградуируем желания по их мощности (авиют), то: Кетер – это 0, Хохма – 1, Бина – 2, Зеир Анпин – 3, Малхут – 4.

Эти желания мы можем разбить на две группы:

– до середины Бины – это желания отдачи, называемые Гальгальта Эйнаим; они находятся выше всяческих эгоистических свойств;

– от середины Бины и ниже – это желания получения; желание ЗАТ де-Бины называется Озэн, Зеир Анпина – Хотэм, и Малхут – Пэ; все вместе они называются АХАП.

| | авиют | | | |
|---|---|---|---|---|
| отдача свыше | 0 | | Кетер | |
| Гальгальта Эйнаим | 1 | получение | Хохма | 1 |
| озен | 2 | отдача | Бина | 2 |
| хотэм | 3 | получать для отдачи | Зеир Анпин | 3 |
| пэ | 4 | получать | Малхут | 4 |

(АХАП)

ГЭ → К Х Б
АХАП → ЗА М

Теперь мы можем сказать, что во всем мироздании, в любой его части, существует разделение на Гальгальта Эйнаим и на АХАП. Пользоваться можно желаниями Гальгальта Эйнаим и только теми желаниями АХАП, которые мы поднимаем в Гальгальта Эйнаим, каким-то образом включаем их туда.

Итак, у нас есть желания отдачи и получения.

К желаниям отдачи, которые называются Гальгальта Эйнаим, относятся: Кетер – Гальгальта, авиют – 0; и Хохма – Эйнаим, авиют – 1. Ту часть Бины, которая относится к этим желаниям, для простоты изложения отмечать не будем. Эти желания обозначаются буквой «юд», которая олицетворяет собой свет Хохма.

Желания получения – АХАП (Бина, Зеир Анпин и Малхут) – обозначаются «обратной» буквой «юд».

Между этими желаниями проходит разделяющая их линия, которая называется парса.

В чем заключается все наше исправление?

Я, то есть моя «разбитая» душа, находится под парса. Она состоит, естественно, из пяти уровней эгоистического желания (0, 1, 2, 3, 4).

Сначала я исправляю желания уровней 0 и 1, то есть поднимаю Гальгальта Эйнаим в мир Ацилут. Находясь с Гальгальта Эйнаим в мире Ацилут, я ощущаю, что нахожусь на своем месте. Почему? Гальгальта Эйнаим относятся к отдающим свойствам, а мир Ацилут – это состояние отдачи.

А вот АХАП я должен разделить на две части:

– АХАП де-алия – это часть, которую я могу использовать, то есть поднять в мир Ацилут и присоединить к Гальгальта Эйнаим;

— клипа — часть, которую ни при каких обстоятельствах я использовать не могу.

Вы помните, с помощью чего я исправляю себя? Я исправляю себя с помощью буквы «бет». Можно сказать, что это особое устройство, которое проводит свет из мира Бесконечности. Этот свет и исправляет меня в форме буквы «алеф».

Поэтому Творец сказал: **«Хотя с буквой "бет" Я создам мир** (то есть с ее силой), **но ты будешь стоять во главе всех букв, и не будет во Мне единства, как только через тебя. С тебя всегда будет начинаться расчет всего и все деяния этого мира. А все единство только в тебе».**

Красиво! Умеет Творец разговаривать с желанием, с женской частью нашей души.

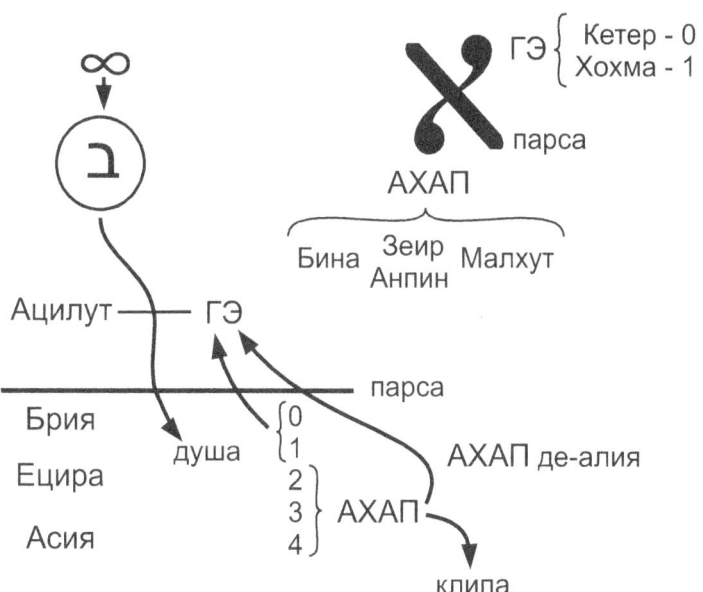

**39. Создал Творец верхние буквы, относящиеся к Бине, – большими, а низшие буквы, относящиеся к Малхут, – маленькими. Поэтому сказано: «Берешит бара» (вначале создал) – два слова, начинающиеся с «бет», а затем: «Элоким эт» (Творец сам) – два слова, начинающиеся с «алеф». «Алеф» и «бет» первые – это буквы Бины, а «алеф» и «бет» вторые – это буквы Малхут. И все они должны влиять своими свойствами взаимно одна на другую.**

**Создал Творец верхние буквы, относящиеся к Бине, – большими, а низшие буквы, относящиеся к Малхут, – маленькими.**

Разделение на большие и маленькие буквы в иврите принципиально отличается от подобного разделения в других алфавитах, например, в русском или в английском. В иврите нет заглавных букв (нет, кстати, и понятия «красная строка»), любое предложение начинается с прописной буквы.

Большие буквы – это специальные буквы, которыми обозначаются особые свойства.

**Создал Творец верхние буквы, относящиеся к Бине, – большими...**

Почему «к Бине»? В очередной раз рассмотрим строение духовных миров.

Итак: мир Бесконечности, затем мир Адам Кадмон, и под ним, под табуром, мир Ацилут.

Мир Ацилут состоит из следующих парцуфов: Атик, Арих Анпин, Аба ве-Има, Зеир Анпин и Нуква.

Атик как бы является промежуточным звеном, то есть он наполовину состоит из свойств, находящихся над табуром, и наполовину — из свойств, находящихся под табуром.

Арих Анпин (длинное лицо). Назван так потому, что содержит очень много света Хохма.

А затем идут системы, уже непосредственно относящиеся к нам: Аба ве-Има, Зеир Анпин и Нуква.

Аба ве-Има — это Хохма (к свету Хохма в Арих Анпине отношения не имеет) и Бина. На иврите эти слова означают «папа и мама», и они на самом деле так себя и ведут.

Зеир Анпин — это Творец. Смотрите, где Он находится, — вроде бы и не так далеко, и не такой уж Он важный.

А вот Нуква — это мы.

*Нуква — это желание наполниться, которое способно уподобиться Творцу, желанию отдачи, видя его перед собой. Все наши желания поднимаются в Нукву — в Малхут мира Ацилут.*

*Если эти желания направлены на отдачу и готовы соединиться с остальными душами, то они входят в Малхут мира Ацилут, соединяясь друг с другом. Так они становятся подобны Зеир Анпину мира Ацилут, и возникает связь, слияние между Зеир Анпином и Малхут.*

*Нуква делается подобной Зеир Анпину, то есть творение приводит себя в соответствие Творцу, правильно подготавливая себя и отпечатывая Его в себе.*

**Создал Творец верхние буквы, относящиеся к Бине, — большими** (> это большие буквы), **а низшие**

**буквы, относящиеся к Малхут** (Нуква), **— маленькими** (< это маленькие буквы).

Первые два слова Торы — «Берешит бара» — начинаются с буквы «бет», потому что она пропускает через себя всю силу Творения сверху вниз. А затем следующие два слова — «Элоким эт» — начинаются с буквы «алеф».

**«Алеф» и «бет» первые — это буквы Бины, а «алеф» и «бет» вторые — это буквы Малхут.**

Большая и маленькая буквы «бет» показывают, что Бина распространяет свои свойства вниз, а большая и маленькая буквы «алеф» означают, что в Малхут (Нукве) создается такая же система, как в Аба ве-Има.

Вот таким образом и мы с вами начинаем изучать, с помощью букв, каким образом, согласно этой закодированной системе, создавались миры, сфирот, парцуфим, души. А далее каждый из нас сможет проследить, каким образом он действует, каким образом он вообще проходит свои состояния.

Ведь, что значит «Тора»? Тора (от слова «ораа») — это инструкция, и это — свет. Она описывает желание, которое, под воздействием Высшего света, исходящего из мира Бесконечности, постепенно проходит все эти состояния. Читая таким образом текст, я прохожу через каждую букву, я как бы ощущаю в себе эти состояния. Я знаю, какие состояния я прошел, какие — еще нет, где я остановился, какие исправления мне надо проходить, какие — нет, что я могу получить, что я могу увидеть, осознать.

# Открываем Зоар

В этом заключается вся работа каббалиста, то есть, в принципе, каждого из нас.

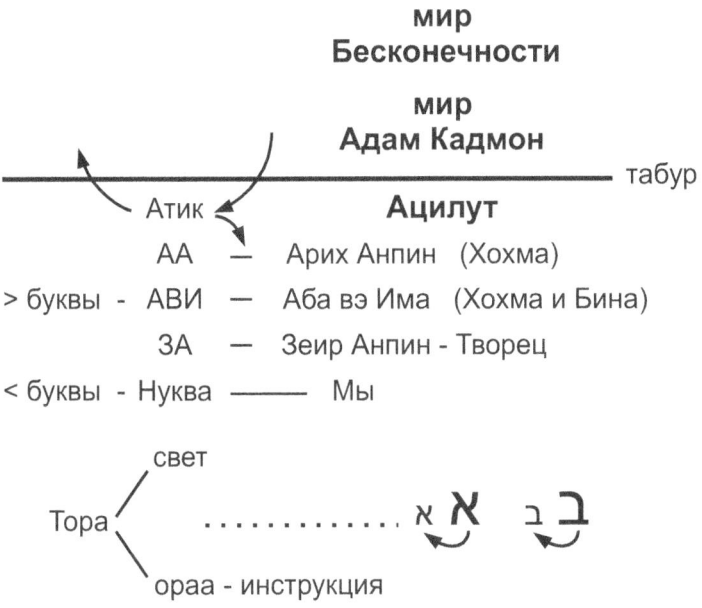

Мы закончили статью «Буквы рабби Амнона Саба».

После него остались и другие работы, но мы их не изучаем, потому что они слишком сложны для нас. Они предназначены для тех, кто, как и он сам, находится уже внутри этих состояний, когда буквы для них — просто символы, с помощью которых они живут.

Как музыкант смотрит на ноты и при этом может плакать, смеяться, так и каббалист смотрит на буквы и видит в их чередовании огромные пласты мироздания, раскрывающиеся ему.

Буква представляет собой желание, наполненное светом, — мое состояние, мое ощущение, мое постижение. В чередовании букв во мне я приближаюсь к Творцу, я Его ощущаю, я Его воспринимаю, и мы с Ним общаемся.

И все это познается в том единстве, о котором мы с вами говорили, и которое проявляется в букве «алеф». Поэтому она — первая буква алфавита, и она же та последняя, которая после всех букв приходит к Творцу.

Все буквы, в итоге, составляют Тору. Если я полностью ее прочту, то есть воспроизведу в себе абсолютно все формы подобия Творцу, то в конце чтения я становлюсь полностью подобным Творцу, и на этом заканчивается мое исправление.

После этого идут уже другие ступени, о которых мы с вами когда-нибудь еще будем говорить.

*Все происходит в желании насладиться. Все буквы — это сосуды восприятия (келим), то есть различные формы желания насладиться, которые оно принимает под воздействием на него света.*

*Таким образом, речь идет только о желаниях, обо всем происходящем в них, и лишь об этом говорит книга «Зоар». Именно на такое восприятие мы настраиваем себя. «Зоар» не говорит о том, как свет планирует свои действия, как спускается к нам, управляет нами и работает «за кулисами». Это не наше дело. Мы живем в желании насладиться, то есть мы принадлежим ему, а оно — нам.*

*Отсюда мы должны понять подход к изучению всей науки каббала, а не только книги «Зоар». Каббала никогда не говорит ни о чем, кроме души.*

*Речь идет только о том, как каббалисты раскрывают созданное Творцом желание насладиться, называемое «душа» и что в этом желании происходит.*

*Поэтому тот, кто учит Тору не ради исправления, не ради раскрытия свойства отдачи внутри желания насладиться, не только не учит Тору, но более того, обращает ее в «яд смерти» — в свое отдаление от истины.*

*То есть вся наша учеба должна быть только ради этой цели — раскрытия Творца внутри творения, внутри души.*

# Кто создал это (по Элияу)
## (п.п. 11-15)

*Почему авторы книги «Зоар» все время повторяют и объясняют одно и то же? Разве недостаточно объяснить принцип и продолжать дальше? Зачем так много писать об уже понятных нам вещах?*

*Повторяя свои объяснения, авторы «Зоара» дают возможность тем, кто уже обладает экраном и духовными сосудами (келим), вместе с чтением совершать все действия, описанные в книге. Тогда человек раскрывает эти действия и совершает их вместе с рабби Шимоном в то время, когда он писал «Зоар». Ведь в духовном нет времени. Тем самым рабби Шимон ведет человека за собой, вновь и вновь повторяя те же действия в разных местах.*

*Почему? Потому что каждый раз нам нужно исправить еще какое-то свойство внутри нашего желания насладиться.*

*Нам кажется, что уже достаточно — сколько можно повторять одно и то же? — потому что у нас нет знания и ощущения, что это не одно и то же. Имена и названия вроде бы те же самые, но каждый раз это новые внутренние определения.*

*Поэтому нам стоит просто плыть по течению вместе с авторами книги «Зоар», стараясь соединиться с ними и понять, что происходит, и поэтому мы возвращаемся к статье «КТО СОЗ-*

*ДАЛ ЭТО (по Элияу)», одной из основополагающих статей о строении мироздания.*

Когда мы с вами изучали распространение Высшего света, то мы говорили о том, что:

— само распространение света называется Кетер (корона);

— Кетер строит свойство, называемое Хохма, — свойство, получающее свет;

— Хохма обращается в свойство, не желающее получать, — это Бина;

— Бина строит свойство, которое состоит из Хохма плюс Бина, — получение ради отдачи; оно называется Зеир Анпин;

— и вот возникает Малхут — свойство, которое желает получать и наслаждение от Творца, и Его статус, Его состояние, Его совершенство; Малхут («царство» — в переводе) — это царство эгоизма, царство желания.

Но затем, когда Малхут начинает ощущать себя получающей, относительно полностью отдающего Кетера, она совершает Цимцум Алеф (Первое сокращение), тем самым полностью исторгает из себя свет.

«Что же я могу сделать? — решает затем Малхут, — Я буду получать, насколько могу».

К Малхут приходит свет. Она решает, сколько получить, сколько нет, и таким образом наполняет себя.

Наполнение Малхут (подобную схему мы с вами рисовали) можно представить, как постепенное получение пяти порций света. Пять порций — это пять парцуфим мира Адам Кадмон: Кетер, Хохма, Бина, Зеир Анпин и Малхут.

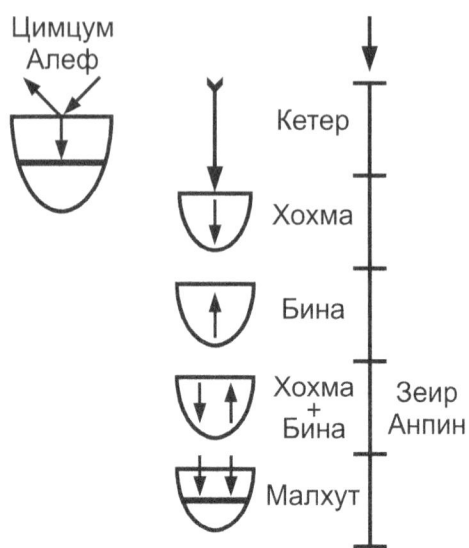

Распространение света, как нам известно, происходит до табура, а от табура до сиюма Малхут остается пустой. Эта пустота вызывает состояние депрессивности, неисправленности, то есть своего окончательного состояния — совершенного, гармоничного, связанного с Творцом — Малхут не обнаруживает.

Что же делать? Как заполнить остальную часть Малхут?

Единственная возможность заключается в том, что Бина — свойство абсолютной отдачи — в состоянии находиться внизу, под табуром. Спустившись вниз, Бина заполняет это пустое пространство светом Хасадим. Свет Хасадим — это свет любви, распространения, отдачи, но не свет наслаждения. Поэтому Малхут его принимает.

Таким образом, из разделения общего творения, Малхут, на две части — выше и ниже табура — возникают предпосылки к тому, чтобы полностью исправить творение, привести его к подобию Творцу.

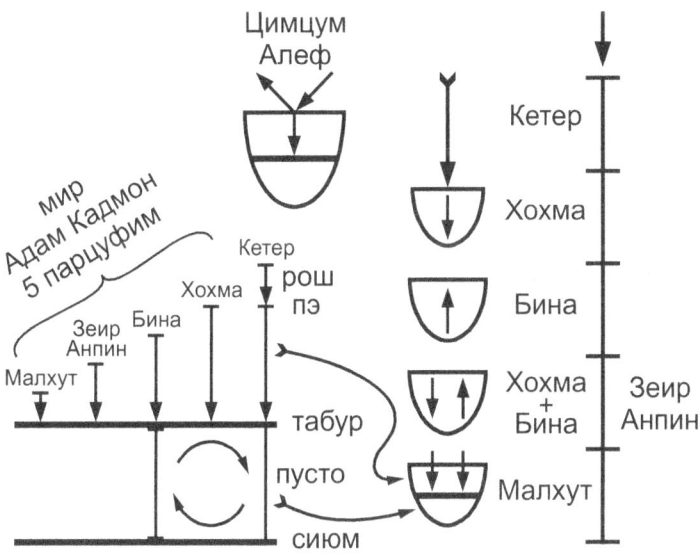

Что происходит дальше?

Изобразим творение, как: рош; тох — часть, полностью наполненную светом Хохма; соф — часть, наполненную светом Хасадим.

Свет Хохма, облачившись в свет Хасадим, проникает в это желание — а это огромнейшее желание! — и начинает его наполнять. Со стороны желания — это действие получения ради отдачи. И теперь выясняется, что можно наполнить только определенную часть этого желания — до парса.

Парса — это граница, которая разделяет желание на:
— свойства отдачи — Кетер, Хохма — Гальгальта Эйнаим;

— свойства получения — Бина, Зеир Анпин и Малхут — АХАП.

Гальгальта Эйнаим в исправлении не нуждаются. Таким образом, для того чтобы привести все творение к концу его исправления, необходимо исправить АХАП.

Исправление АХАПа происходит в два этапа:

— АХАП поднимается выше парса и включается в Гальгальта Эйнаим; это действие называется АХАП де-алия (исправление в подъеме);

— затем, после того как мы исправляем АХАП, то есть себя, подняв выше парса, — после этого мы можем исправить АХАП и на его месте; это называется АХАП де-ерида.

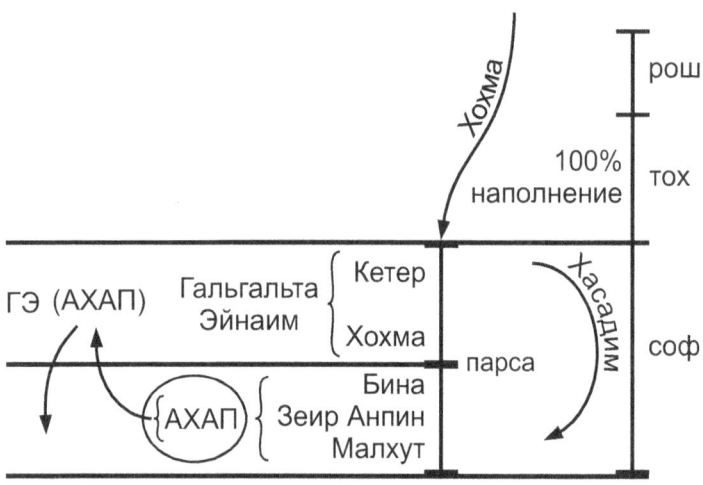

Сегодня все человечество находится на первом этапе исправления — оно обязано подняться в Гальгальта Эйнаим. Время нас поджимает. И затем уже произойдет АХАП де-ерида. Это в самом конце исправления.

В принципе, исправление можно пройти очень быстро – за несколько месяцев, даже всем человечеством. Это зависит от того, как мы объясним людям, что препятствует достижению абсолютного счастья.

*Если в мире происходит какое-то зло, – это значит, что нам пока не удается принести в мир исправление.*

*Если люди все еще замышляют войны, разрушения и террор, пренебрегают друг другом, лгут один другому, стремятся любыми средствами заработать на других, – это мы не исправляем мир.*

*Мы существуем во всеобъемлющей природе, но равновесие с ней зависит от нас, от уровня человека. Поэтому мы должны выстроить между изучающими каббалу огромный духовный сосуд (кли), соединившись крепкой связью, чтобы во всем мире люди почувствовали эту мощь и были вынуждены объединиться между собой.*

*Ведь откуда к нам приходят всевозможные мысли и желания? Они возникают в нас, переходят от одного к другому по сети связи между нами.*

*Мы живем в особенное время. Бааль Сулам пишет, что мы должны быть очень благодарны Творцу, что существуем в таком поколении, которому дана возможность распространять науку каббала, пришедшую к нам из глубины веков. Мы – первое поколение, которое может использовать ее и достичь вечности, подняться над всей этой жизнью, выйти за пределы всех земных ограничений – в иное измерение, в духовный мир.*

**11.** Сказал рабби Шимон: «Эльазар, сын мой, раскрой высшую тайну, которую совершенно не знают населяющие сей мир».

Молчал рабби Эльазар.

Заплакал рабби Шимон, помолчал и сказал: «Эльазар, что означает ЭЛ``Е? Если скажешь, что это как звезды и знаки зодиака (судьбы), то они же всегда видны (а не как знаки судьбы — переменны) и в М``А, то есть в Малхут, они созданы. Как сказано: «Словом Творца созданы небеса», то есть Малхут, называемой словом Творца, созданы небеса. А если ЭЛ``Е говорят о скрытых тайнах, то не надо было бы писать ЭЛ``Е, потому что звезды и знаки судеб видны всем (слово «эле» \это\ говорит о том, что вещь ясна)».

**Сказал рабби Шимон: «Эльазар, сын мой, раскрой высшую тайну, которую совершенно не знают населяющие сей мир».**

**Молчал рабби Эльазар.**

Рабби Эльазар не мог исполнить просьбу рабби Шимона, своего отца, — более высокой духовной ступени. Мы не представляем себе, что значит «раскрыть» на этих высоких ступенях.

**Заплакал рабби Шимон...**

Существует несколько обозначений понижения духовного уровня, то есть перехода из состояния гадлут (большое) в состояние катнут (малое). Например: «стоял — сел», «сидел — лег». В данном случае это «плач».

**Заплакал рабби Шимон, помолчал и сказал: «Эльазар** (он как бы подсказывает сыну)**, что означает ЭЛ``Е? Если скажешь, что это как звезды и**

**знаки зодиака (судьбы), то они же всегда видны (а не как знаки судьбы переменны) и в М``А, то есть в Малхут, они созданы. Как сказано: «Словом Творца созданы небеса», то есть Малхут, называемой словом Творца, созданы небеса. А если ЭЛ``Е говорят о скрытых тайнах, то не надо было бы писать ЭЛ``Е, потому что звезды и знаки судеб видны всем (слово «эле» \это\ говорит о том, что вещь ясна)».**

То есть вопрос: «Кто создал это?» — это вопрос, который, на самом деле, не представляется нам, в нашем состоянии, достаточно ясным.

Мы в нашем мире, попросту говоря, не знаем, почему нам плохо и что делать, чтобы было хорошо. Кризисы, всевозможные личные проблемы, природные катаклизмы... И мир все больше и больше окунается во все это. А что же нам надо менять в себе или вокруг себя, чтобы при этом мы явно видели, что влияем на нашу судьбу?

Об этом и говорит рабби Шимон: «А если знаки судьбы переменны и неизвестны нам, то, как и на что мы можем влиять?» Иными словами: «Существует ли какая-то зависимость, корреляция, между тем, что я могу делать, и тем, как изменятся при этом знаки моей судьбы? Могу ли я изменять нисхождение на себя Высшего света, который определяет все мое состояние?»

В этом заключается наша проблема: «Для чего нужна каббала»? Если она может чем-то помочь мне в этой жизни, а, может быть, и в будущем, то тогда она мне нужна. Если она для общего развития, то, конечно, она несерьезная наука. То есть надо чисто практически принимать каббалу, видеть, дает ли она немедленно какой-то положительный результат.

Итак, «Что значит ЭЛ"Е»? — спрашивает рабби Шимон, — то есть, что подразумевает Тора под словами «МИ БАРА ЭЛЕ» (КТО СОЗДАЛ ЭТО), что она хочет нам этим сказать?

**12. Но тайна эта была раскрыта в другой день, когда был я на берегу моря. Явился ко мне пророк Элияу и сказал: «Рабби, знаешь ли ты, что означает: "МИ БАРА ЭЛЕ" (КТО СОЗДАЛ ЭТО)»? Ответил ему я: «Это небо и небесные силы, действия Творца, глядя на которые люди должны благословлять Его. Как сказано: "Когда вижу я небеса, дело рук Твоих". "Господи! Владыка наш! Как величественно имя Твое во всей земле!"»**

Естественно, что мы не говорим о человеке, который праздно прогуливается по берегу моря. Мы говорим о душах, о внутреннем состоянии человека — где он находится, что он ищет. **Когда был я на берегу моря** — имеется в виду, что мое «я» было на берегу безбрежного моря света Хохма.

**Явился ко мне пророк Элияу** (это особая сила, которая раскрывает человеку все духовные горизонты) **и сказал** (рассказ идет от имени рабби Шимона): **«Рабби, знаешь ли ты, что означает: «МИ БАРА ЭЛЕ» (КТО СОЗДАЛ ЭТО)?» Ответил ему я: «Это небо и небесные силы, действия Творца, глядя на которые люди должны благословлять Его. Как сказано: «Когда вижу я небеса, дело рук Твоих». "Господи! Владыка наш! Как величественно имя Твое во всей земле!"».**

# Открываем Зоар  129

То есть: «Когда я вижу созданное Тобой, тогда я могу Тебя благословить. Когда я вижу происходящее на земле, как благословение от Тебя, а не как то, что сейчас видно мне, тогда я, естественно, прихожу к благословлению».

*Вся наша система на всех уровнях: неживом, растительном, животном и человеческом параллельна системе высших миров, откуда спускаются силы и отпечатываются в нашем мире на всех уровнях. Поэтому в небесных созвездиях мы видим те же самые отношения, построенные по тем же законам, согласно связи ветви и корня.*

*Проблема только в подходе. Ведь написано об Аврааме, что он выходил ночью смотреть на звезды и задавал себе вопрос: «Нахожусь ли я под их властью или есть высшая сила, которая выше всех их? Если я нахожусь под их властью, то я должен поклоняться звездам, а если есть высшая сила над ними, то эти звезды — не более чем знаки?»*

*Человек, желающий достичь истины, стремится выше звезд и знаков судьбы. Для него это всего лишь символы, демонстрация высшей силы, которая управляет этими символами, на уровень которой он стремится подняться, достичь ее.*

*Если человек поднимается к постижению этой силы, то он понимает и все знаки и то, как они отражаются внизу. Но ему это неинтересно — ведь он сотрудничает с системой, которая напрямую воздействуют на его душу. Ему неинтересны механические знаки в нашем мире, которые просто демонстрируют на самом нижнем уровне то, что уже случилось наверху, и даже то, что должно случиться в будущем. Оно уже спустилось и материализовалось, и поэтому нет никакой пользы раскрывать будущее — ведь этим мы не можем изменить свою судьбу.*

*Если хочешь изменить судьбу, поднимись на уровень судьбы — на уровень Света.*

**13. Ответил мне: «Рабби, закрытое взял Творец и раскрыл его высшему совету. И вот оно: "Когда пожелал раскрыться самый скрытый из всех скрытых, сделал он вначале одну точку, Малхут, и это поднялось в его мысль, то есть в Бина. То есть Малхут поднялась и соединилась с Бина. Изобразил в ней всех созданных и утвердил в ней все законы"».**

Что сделал Творец после того, как были созданы: Кетер, Хохма, Бина, Зеир Анпин и Малхут, после Цимцум Алеф, после того, как мы пришли к выводу, что необходимо работать с экраном, и создался мир Адам Кадмон? Произошло очень интересное действие – Малхут поднялась в Бину.

Почему? Каким образом? Давайте разберемся.

Кетер – это абсолютное желание отдавать, это свет.

Хохма – это желание получать. Но она непосредственно создана светом и поэтому не имеет своего характера. Она не эгоистична. Знаете, как младенец: он создан таким образом, что все время что-то требует, чего-то хочет.

Бина изначально желает отдавать. Это ее свойство. Но возникает проблема: «А что же я могу отдавать? Мне нечего отдавать. Я должна придумать, как получать. И когда я буду получать, то этим я наслаждаю Дающего. Ведь если Он любит меня, я должна получать только ради того, чтобы этим доставить Ему наслаждение».

Бина разделяется на две части (верхняя – отдающая, нижняя – получающая) и создает Зеир Анпин.

Зеир Анпин получает, но получает уже ради отдачи.

И затем, как итог всего этого, возникает Малхут, которая желает получить и свет, и статус Творца – получить абсолютно всё.

Итак, от середины Бины и выше, находятся отдающие желания, называемые Гальгальта Эйнаим, а с середины Бины и ниже находятся получающие желания, называемые АХАП. Вот таким образом кли, общее созданное творение, разделилось на две части – на отдающую и на получающую.

Теперь – самое главное! – как нам исправить получающую часть?

Отдающую часть нечего исправлять. Здесь созданы пять парцуфим мира Адам Кадмон, с ними нет проблем.

Вся проблема с получающими свойствами.

Творец решает эту проблему, подняв свойство Малхут в свойство Бины. Таким образом Он соединил эти два свойства.

Но ведь мы говорим о свойствах, а не о каких-то двух объектах, которые можно соединить между собой, убрав расстояние между ними. В духовном расстояние убрать нельзя, его просто не существует. В духовном существует закон подобия свойств.

Значит, Малхут полностью аннулирует свои эгоистические свойства, поднимается в Бину, получает ее свойства и, вместе с этим, возможность духовного развития. Дело в том, что эгоистическое свойство, само по себе, как в неживой, а тем более в живой материи, не в состоянии ничего сделать. Сама материя — это Малхут, а свойство, которое «оживляет» материю — это Бина.

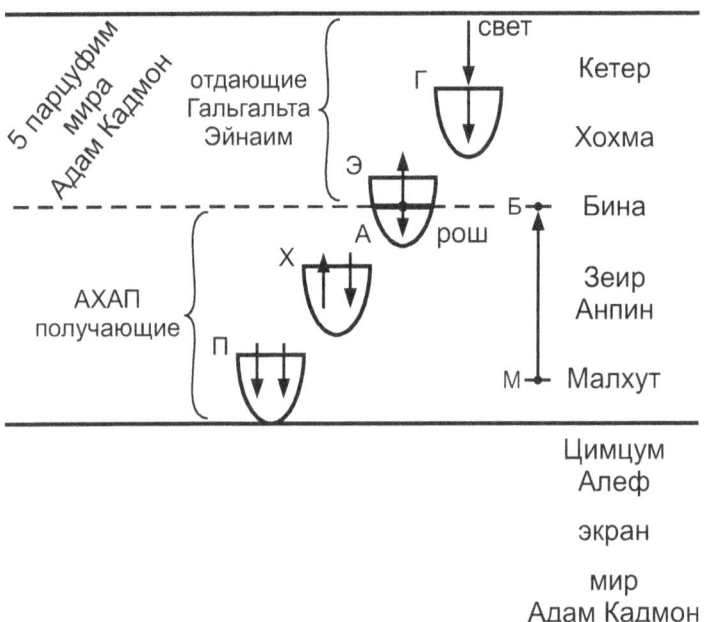

Но говорить, что Бина входит в Малхут — это неверно. Почему? Потому что для того, чтобы Бина могла «работать» в Малхут, последней необходимо аннулировать свои эгоистические свойства. И поэтому мы говорим, что Малхут поднимается в Бину, а не Бина нисходит в Малхут.

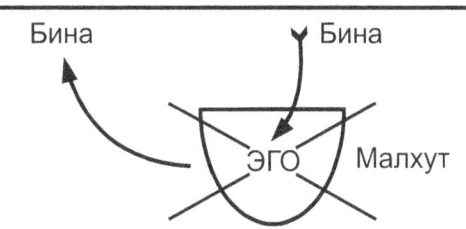

Подъем Малхут в Бину и ее развитие в ней — это первая духовная ступень, которая называется «убар» (зародыш). Малхут в Бине — это зародыш внутри матки. Развитие этого зародыша можно проследить по следующему графику.

Нулевая точка — это Малхут, полностью отменившая свои эгоистические свойства (Цимцум Алеф). В той мере, в которой Малхут принимает от Бины ее свойство — свойство отдачи, в точно такой же мере Малхут может исправить свое свойство получения (вставить его в свойство отдачи) и подняться, таким образом, на соответствующий уровень. И так далее, и так далее, в течение девяти месяцев развития плода, пока Малхут полностью себя не аннулирует в свойстве Бины.

Это называется «девять месяцев внутриутробного развития» — девять месяцев развития в Бине.

Все ступени развития очень точно описаны в каббале, для того чтобы человек знал, где он находится, каким образом он может что-то с собой делать, начиная с, так называемого, зачатия (Цимцум Алеф) — когда он полностью себя отменяет и готов «подставить» себя под свойство Бины. И далее человек развивается согласно законам, о которых сказано: «...**Малхут поднялась и соединилась с Бина.**

Изобразил в ней всех созданных и утвердил в ней все законы».

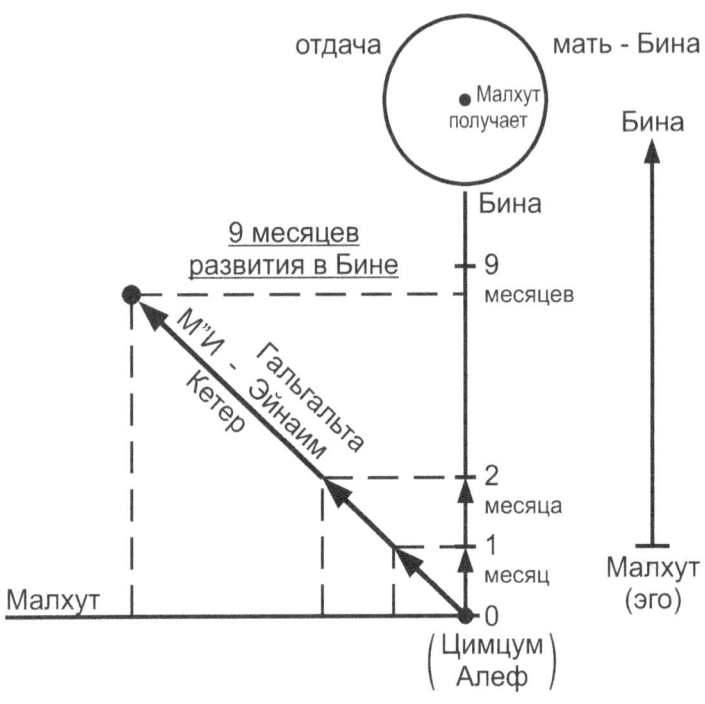

**14.** Утвердил в святой скрытой свече (в Малхут, соединившейся с Бина) один скрытый вид, святое святых, тайное строение, исходящее из мысли, ГАР, называемой М`И, начало строения. Оно стоит и не стоит, велико и скрыто в имени Элоким (ЭЛЕ + ИМ). Называется М`И от слова Элоким, то есть недостает букв ЭЛЕ имени Элоким. Пожелал раскрыться и называться полным именем Элоким — оделся в драгоценное сияющее одеяние, свет Хасадим. Создал ЭЛ`Е. Поднялись буквы ЭЛЕ имени Элоким и соединились буквы ЭЛЕ с буквами

**МИ, образовав полное имя Элоким. А пока не создал ЭЛ``Е, не поднялся (не возвысился) до имени Элоким. Поэтому те, кто прегрешил в преклонении перед золотым тельцом, указывали на эту тайну, говоря: «ЭЛЕ (ЭТО) – это божество твое, Израиль!»**

**Утвердил... (в Малхут, соединившейся с Бина) один скрытый вид,** святой (святой – это свойство отдачи и любви), **тайное строение, исходящее из мысли, ГАР, называемой М``И, начало строения.**

На этапе внутриутробного развития наша душа обретает свойство М``И, или Гальгальта Эйнаим. Мы с вами говорили, что Гальгальта Эйнаим – это Кетер и Хохма. Так вот, девятимесячное развитие души заканчивается на уровне Кетер.

Затем следует духовное рождение, и затем двухлетний период духовного вскармливания.

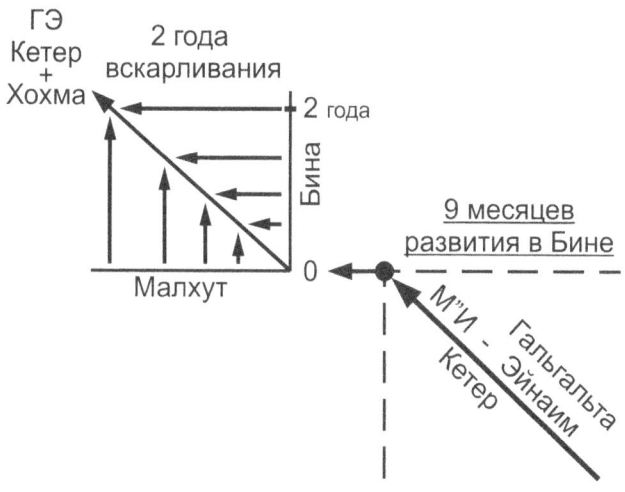

Духовное вскармливание происходит абсолютно по такому же принципу, что и внутриутробное развитие, и заканчивается на уровне полной Гальгальта Эйнаим – и Кетер, и Хохма.

**Утвердил… (в Малхут, соединившейся с Бина) один скрытый вид,** святой, **тайное строение, исходящее из мысли, ГАР** (ХАБАД или ГАР), **называемой М`И, начало строения. Оно стоит и не стоит, велико и скрыто в имени Элоким…**

Мы говорили о том, что делает, какие усилия прикладывает Малхут, чтобы приобрести свойства Бины. Теперь рассмотрим, каким образом Бина выполняет свои функции духовной матери, духовной наставницы.

Бина, относительно Малхут, разделяется на три части:

– НЭХИ (часть 1) – в ней происходит развитие зародыша;

– ХАГАТ (часть 2) – ответственна за период духовного вскармливания;

– ХАБАД (часть 3) – в ней происходит взросление, становление человека.

Мы остановились на том, что Малхут в своем духовном развитии достигла уровня Гальгальта Эйнаим.

Что это значит для меня. Я полностью подавил в себе, в своей душе, эгоистические желания и начал развивать свойства Бины – свойства отдачи. Я их развил, и теперь во мне как бы говорят одни свойства Бины. Это состояние называется «катнут» (маленькое состояние).

А далее? А далее я должен с помощью свойств Бины, свойств Творца, которые я приобрел, начать исправлять само свое желание, саму свою суть – Малхут.

# Открываем Зоар

До этого я не желал работать со своими желаниями, я подавлял их в себе, я был абсолютно пассивен и хотел — причем по своей доброй воле — только того, чтобы мною управляли, хотел быть полностью подчиняющимся Бине. Я поднял себя на уровень Гальгальта, затем на уровень Эйнаим, и таким образом я себя поднял до уровня Бины.

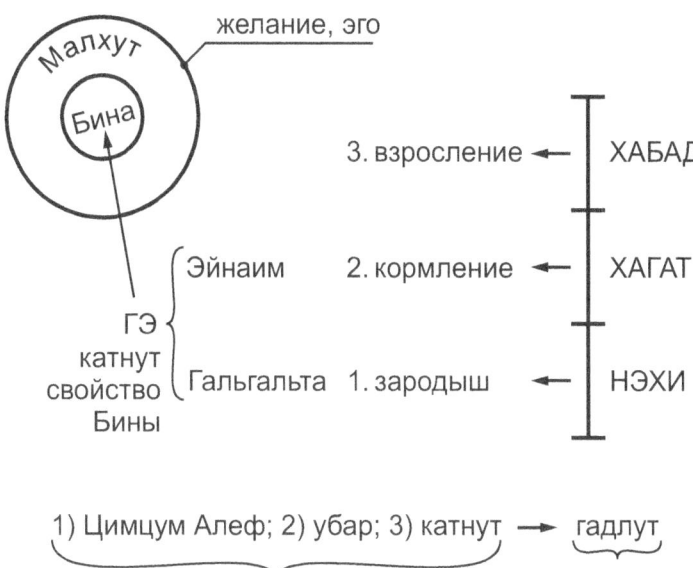

А теперь я должен свойства Бины обращать в Малхут, я должен исправлять свойства Малхут в самом себе.

Итак: сначала идет Цимцум Алеф — это первое состояние, второе состояние — убар (зародыш), третье состояние — это вскармливание, катнут. На этом этапе я полностью приобрел свойство Бины — М``И.

А вот теперь возникает именно то условие, когда говорится: «МИ БАРА ЭЛЕ» (БАРА – это создать, сотворить; «Борэ» – Творец). То есть с помощью свойств, которые я приобрел – М``И, происходит исправление самой Малхут, которая называется ЭЛЕ. А само исправление, то есть вхождение свойств Бины в Малхут, носит название гадлут (большое состояние).

Поэтому так и называется статья — «МИ БАРА ЭЛЕ». То есть, следующий этап: с помощью Бины, которая сейчас заполнила меня и властвует во мне, я еще больше подавляю себя. Это не значит, что я сейчас могу освободиться от Цимцум Алеф и снова начать работать с Малхут, как и раньше. — Нет, не эгоистически. Я сейчас еще больше себя сокращаю, для того чтобы не просто подавить Малхут, а работать с ней еще и альтруистически, на отдачу. То есть речь идет о том, чтобы идти вперед и выше по трем этапам: «Э», «Л», «Е».

И тогда получается, что если я поступаю таким образом, то во мне образуется полное свойство Творца, называемое – я читаю снизу вверх, потому что мы идем от самой нижней части, от Малхут, – ЭЛОКИМ. Так это звучит на иврите.

Теперь, после этих объяснений, попробуем прочесть то, что говорит нам об этом «Зоар».

**Утвердил, в святой скрытой свече (в святой Малхут, в Малхут, соединившейся с Бина) один скрытый вид,** святой – отдающий, **тайное строение, исходящее из мысли,** из ГАР, называемой М"И, **начало строения.** М"И – это начало исправления, поэтому называется – начало строения. **Оно стоит и не стоит, велико и скрыто в имени Элоким (ЭЛЕ+ИМ). Называется М"И от слова Элоким, то есть недостает букв ЭЛЕ имени Элоким. Пожелал раскрыться и называться полным именем...**

То есть сначала есть имя М"И, обозначающее Гальгальта Эйнаим, ЭЛЕ – нет. Затем «пожелал полностью раскрыться», и поэтому: МИ БАРА ЭЛЕ – М"И, Бина, находящаяся в Малхут, совершает дальнейшие исправления. Это и называется, что создал ЭЛ"Е – создал эти части исправленными.

**Пожелал раскрыться и называться полным именем Элоким – оделся в драгоценное сияющее одеяние** – в свет исправления, **свет Хасадим, и создал,** таким образом, **ЭЛ"Е.**

**Поднялись буквы ЭЛЕ имени Элоким и соединились с буквами МИ, образовав полное имя Элоким. А пока не создал ЭЛ"Е, не поднялся (не возвысился) до имени Элоким.**

**Поэтому те, кто прегрешил в преклонении перед золотым тельцом** (имеются в виду эгоистические желания, которые находятся в ЭЛ``Е), **указывали на эту тайну, говоря: «ЭЛЕ (ЭТО) – это божество твое, Израиль».**

Вместо того, чтобы – МИ БАРА ЭЛЕ – сделать из Малхут свойство отдачи, начинают преклоняться перед Малхут, то есть получать в ней максимум наслаждения.

**15. Как соединяются М``И с ЭЛ``Е в одно имя Элоким – когда Хохма одевается в Хасадим, так же имя соединяется этим прекрасным светящимся одеянием. Благодаря этой тайне существует мир, как сказано: «Мир создан милосердием». А Элияу улетел, и более я не видел его. Но от него узнал я то, что стоял я на тайне и скрытии её.**

**Приблизились рабби Эльазар и остальные, преклонились пред ним. Заплакали и сказали: «Если бы пришли мы в этот мир, только чтобы услышать это, – достаточно нам!»**

**Как соединяются М``И с ЭЛ``Е в одно имя Элоким – когда Хохма одевается в Хасадим, так же имя соединяется этим прекрасным светящимся одеянием. Благодаря этой тайне существует мир, как сказано: «Мир создан милосердием»** – свойством М``И, свойством отдачи, свойством Бины. **А Элияу улетел** (то есть поднялся выше этого состояния, Цимцум Алеф, в полное исправление), **и более я не видел его. Но от него узнал я то, что стоял я на тайне и скрытии ее.**

Таким образом, раскрыл рабби Шимон своим ученикам, как происходит последовательное исправление. Сегодня вы его просто услышали.

Но есть объяснение, которое ученик постигает сам, производя сам, внутри себя, эти действия. Вот до этого нам, конечно, желательно дойти.

**Приблизились рабби Эльазар и остальные, преклонились перед** рабби Шимоном. **Заплакали и сказали: «Если бы мы пришли в этот мир только, чтобы услышать это, – достаточно нам!»** – потому что таким образом они практически получили все знание о методе и порядке исправления души человека.

Вот и вся статья, называемая «МИ БАРА ЭЛЕ» (КТО СОЗДАЛ ЭТО). Эти слова звучат, как вопрос: «Кто создал это?» На самом деле нет. «КТО СОЗДАЛ ЭТО» – эти слова говорят о том, как один духовный объект определенными действиями исправляет, создает, другой.

*Единственное, что существует, – это система абсолютно полной связи между нами, между душами.*

*Мы эту систему не ощущаем. Мы ощущаем себя в системе, где мы связаны между собой всего лишь на животном уровне. Мир для нас – это: неживая, растительная и животная природы. Человек в нашем мире относится к животному. Всё.*

*Если мы хотим раскрыть для себя следующий уровень существования (мы существуем в нем, просто он для нас не раскрыт), то для этого нам нужна наука каббала – наука о том, как ощутить этот уровень. Когда мы начинаем ощущать этот уровень — уровень «Адам» (подобный Творцу), то тогда мы обретаем совершенно невероятные возможности. Мы поднимаемся выше точки смерти, то есть выше точки животной смерти, потому что животное мое тело к этому уровню не относится.*

*Как только я поднимаюсь на этот уровень — «духовный», назовем его, уровень Творца, уровень души, — то, существуя одновременно в двух системах, высшей и низшей, я четко ощущаю себя обретшим вечное совершенное существование. В нем также есть ступени, то есть я продолжаю развиваться до моего полного исправления.*

*Значит, самое главное для нас, — чтобы просто не умереть и не сгнить, а продолжить наше вечное путешествие, — войти на этот уровень, то есть сделать Цимцум Алеф и войти в Бину. Этому, в первую очередь, учит нас наука каббала.*

*Я открою вам один секрет: тот, кто не оставляет путь, — не важно, что с ним случается по дороге — тот и достигает цели. Ведь человек проходит очень тяжелые состояния, и порой сам не может поверить, что с ним такое случилось. Он смотрит назад, и ему вообще не верится, что все это было с ним. Но каждое мгновение, что бы ни было, он должен видеть перед собой только одну цель — кроме этого, ничего не важно.*

*Поэтому, если меня спросят, чего бы я пожелал человеку, я бы сказал: «Только одного — упрямства в достижении цели!» Больше ничего не поможет: ни особый ум или тонкие чувства, ни тяжелые усилия, ни знания, ни даже товарищи, которые находятся около него.*

*Только как бульдог вцепиться в цель, и, что бы ни случилось, не выпускать ее.*

*Никаких иных способов нет. Нет никакой иной формулы успеха.*

# Объяснения каббалистических терминов

*Читая книгу «Зоар», мы должны все время — и это самое главное! — помнить о том, что все, о чем в ней написано, происходит в каждом из нас. И это мы должны раскрыть.*

*Названия парцуфим, сфирот, различных действий — все эти термины должны вызвать у меня только одно желание, одно стремление: «Когда же я почувствую, что все это происходит во мне?! Где эти свойства и действия во мне, в моих ощущениях. Вот, например, парса. Это она не дает мне подняться из Брия в Ацилут!»*

*Все это должно раскрыться внутри человека. Нам только кажется, что духовный мир — где-то далеко, в каких-то пространствах, но ведь всю действительность мы ощущаем в себе, а духовную — как наш самый глубокий, внутренний, слой.*

*Поэтому я должен, словно хирург, стремиться раскрыть внутри себя, в самой глубине своих ощущений, высшую систему, о которой рассказывает «Зоар».*

*И еще. Невозможно постоянно «переводить» слова Торы или книги «Зоар» на понятный нам язык. Поэтому старайтесь запоминать те «переводы», которые уже были сделаны, и — самое главное! — пытайтесь воспринимать чувственно, а не буквально — в физических действиях и материальных реалиях нашего мира, текст книги. То, о чем говорит «Зоар», — это внутренние духовные ощущения и переживания человека, чувственно познавшего духовный мир.*

**Аба ве-Има, АВИ**, – это высший парцуф, высшая система, которая находится, естественно, в моей душе и управляет всем ее исправлением.

**Ангел** – это не имеющая своего желания, не имеющая своих решений сила, которая выполняет определенные действия в духовной мире. Это такая же сила, как и силы природы в нашем мире.

**«Вера выше знания»** означает, что когда мы поднимаемся по ступеням духовных миров, мы каждый раз, с помощью свойства отдачи, поднимаемся на следующую ступень знания. Таким образом, свойство отдачи и есть то, что называется верой.

**Даат (знание).** В книге «Зоар» сказано: **«Мудрость, которая необходима человеку (каждому без исключения), – знать и видеть тайны Создателя, познать самого себя: кто он и как родился, откуда пришел, куда уйдет, как ему исправить себя, что ожидает его в явлении пред судом Властителя мира».**

Нам необходимо достичь знания. Знание образуется от облачения света Хохма в свет Хасадим, то есть в мои исправленные желания. Это и есть подлинное соединение меня и Творца.

Когда духовный парцуф получает внутрь себя свет, этот свет называется светом знания. Это мудрость и милосердие, свет Хохма и свет Бина, свет получения и свет отдачи, соединившиеся вместе. Если я хочу включиться в Малхут, общность всех душ (единственно созданное творение), то это мое желание включает меня в Малхут, а она поднимает его на уровень даат (знание). Тогда Хохма и Бина дают мне это знание.

**День и ночь** — это состояния человека. Если, стремясь к отдаче, он преодолевает свое желание насладиться, — видит свет. А в той мере, в какой эгоизм побеждает его, он ощущает тьму.

**Душа** — это термин науки каббала, обозначающий особый орган чувств, возникающий в человеке на определенном этапе развития. В этом органе он ощущает высшую управляющую силу — Творца. Вместе души представляют собой Малхут — низшую из всех десяти сфирот.

**Зивуг (соединение)** между Зеир Анпин и Малхут происходит в два этапа: зивуг де-нешиким и зивуг де-есодот.

**Зивуг де-есодот** — это соединение Малхут с тремя первыми и тремя последующими сфиротами, то есть: Хесед, Гвура, Тиферет, Нецах, Ход, Есод. При этом Малхут получает и свет Хасадим, и — что самое главное — весь свет Хохма. Такое состояние Малхут называется гадлут (большое состояние).

**Зивуг де-нешиким** — это соединение Малхут с тремя первыми сфирот: Хесед, Гвура, Тиферет. При этом Малхут получает только свет Хасадим. Такое состояние Малхут называется катнут (малое состояние).

**Земля** – это желание получать. Вода, в науке каббала, – это милосердие (ивр. – хесед), свойство отдачи.

**«Йосэф»** – от слова «леэсоф» (собирать), потому что он собирает в себя всю энергию, все свойства высшего мира, в том числе и свойства ступеней «праотцы» и «пророки».
И далее это свойство, «Йосэф», входит в землю и создает из нее «землю святости».
Что значит: «святость»? «Земля» – это желание, «святость» – это свойство отдачи, то есть желание получать с намерением отдавать.

**Матат** – это особый ангел, своего рода подъемник, который поднимает и опускает все души, который поставляет нам силы, знания, возможности, условия для подъема.

**Машиах** – это раскрытие Творца, это высшая духовная сила, Высший свет, который вытаскивает человека из этого мира в духовный мир, объясняет и показывает то, что происходит в той части реальности, которая сейчас от него скрыта. Это действие Высшего света происходит с раскрытием знания о природе творения, его замысле, процессе и цели.

**Миры.** В процессе своего внутреннего развития, суть которого состоит в познании Творца, или природы (на иврите слова «Творец» и «природа» имеют одно и то же числовое значение), человек поднимается по пяти основным ступеням, которые называются мирами (ивр. — оламот). Слово «олам» происходит от слова «ээлем» (исчезновение, скрытие) — за всеми картинами этого мира скрывается единая сила. В нашем материальном мире человек ощущает не эту единую силу, а воздействие множества законов и сил. Но когда он начинает познавать действующие за материей силы, то есть поднимается по этим пяти ступеням, то расширяет свое постижение — исчезает скрытие, и вместо него приходит раскрытие.

Поднимаясь по этим ступеням, человек достигает осознания Творца в полной мере, иными словами, поднимается в мир Бесконечности.

Как устроена эта система? Выше мира Ацилут находится мир Адам Кадмон, а над ним — мир Бесконечности. Всё, что выше мира Ацилут, называется «Творец», всё, что ниже мира Ацилут, называется «творение». Сам мир Ацилут — это система, воздействующая со стороны Творца на творения.

Представьте на мгновение, что каждая деталь этого мира, вся бесконечная масса неживой материи, существующей во вселенной, все звезды, все галактики, и вся существующая растительность, животные и человек — всё это управляется силами, приходящими из мира Ацилут. И мы должны увидеть, как мир Ацилут управляет всем существующим — таким образом, чтобы все они достигли духовного состояния, вернувшись обратно к своему корню, из которого когда-то вышли — к миру Бесконечности.

Ведь все приходит из мира Бесконечности и всё в итоге должно в него возвратиться. Не только наши души, но и всё, что мы чувствуем и постигаем, всё, что мы сейчас видим — всё это, весь этот мир должен подняться до уровня мира Бесконечности. Таким образом, нисхождение сверху вниз, и наша история здесь, в этом мире, и возвращение обратно наверх — всё это происходит за счет работы, производимой в мире Ацилут.

**Нуква** — это желание наполниться, которое способно уподобиться Творцу, желанию отдачи, видя его перед собой. Все наши желания поднимаются в Нукву, в Малхут мира Ацилут.

Если эти желания направлены на отдачу и готовы соединиться с остальными душами, то они входят в Малхут мира Ацилут, соединяясь друг с другом. Так они становятся подобны Зеир Анпину мира Ацилут, и возникает связь, слияние между Зеир Анпином и Малхут.

Нуква делается подобной Зеир Анпину, то есть творение приводит себя в соответствие Творцу, правильно подготавливает себя и отпечатывает Его в себе, становясь Его «зеркалом», и потому называется «фотографией Творца».

**Ор Макиф** — это сила, действующая на вас с более исправленного, то есть с более альтруистического состояния, в мере вашего стремления к этому состоянию.

Такое же взаимодействие сил существует и в нашем мире. Отличие в том, что в духовном мире эта сила не просто притягивает вас, но и изменяет вас в подобие новому состоянию.

Чтобы отсеять сомнения, проверьте это на себе!

**Парса** – это граница, которая разделяет место Творца – место, где распространяется Высший свет, и место творений – неисправленное место.

**Парцуф** (мн. ч. парцуфим) – духовный объект, имеющий экран, благодаря которому способен получать наслаждение (Высший свет).

**Рош** (голова) парцуфа – там я решаю, какая часть желания может принадлежать свету. Та часть желания, которую я делаю подобной свету, называется тох (внутренность) парцуфа; та часть, которую я не могу уподобить свету, называется соф (конец) парцуфа.
Во всех этих частях работает экран – система, связующая меня с Творцом.

**Свет Хохма** – свет мудрости, свет постижения, одно из проявлений Высшего света творению.

**Свет Хасадим** – свет любви и отдачи, одно из проявлений Высшего света творению.

**Святостью** называется свойство отдачи, свойство Бины.

**Собрание Израиля** – это души, устремленные к Творцу и собравшиеся вместе для достижения этой цели.

**Табур** (пуп) – место, где в парцуфе происходит прекращение получения света.

**Уста** – это место, где в парцуфе, в душе, находится экран.

**Человеком** в нашем мире называется не это двуногое прямоходящее, которое вы видите перед собой, — человеком называется та часть в нас, то желание, которое мы можем уподобить Творцу. А во всем остальном — то, что вы видите перед собой, в себе, — все это не выходит за рамки животного мира.

Поэтому нечего думать о том, что мы с вами находимся в каком-то отношении к духовному миру, кроме той единственной возможности — точки в нас, которая может нас поднять вверх, если мы начнем ее правильно развивать. И мы должны, поэтому, принимать все, что сказано, только в абсолютной связи с этой точкой, которую мы должны развить через ступень «дети», а потом «отцы», и потом — до полного подобия Творцу.

**Шаббат**, на самом деле, олицетворяет собой венец всего того, что создал Творец и предоставил нам, и то, что мы должны сделать, чтобы привести себя к состоянию, равному Творцу. И когда мы входим в состояние, равное Ему, то есть в полное подобие свету, тогда, естественно, вся работа по нашему исправлению прекращается — мы полностью подобны Творцу и входим в состояние мира Бесконечности, абсолютного совершенства. Вот это состояние называется «шаббат».

**Экран** — это не какая-то перегородка между мной и Творцом — это целая система, с помощью которой я рассчитываю, в какой мере я могу уподобить мое желание свету. Экран не находится поверх желания насладиться, а включен во всё это желание.

**Я** — это черная точка в океане Высшего света. Все мое существование связано с этим светом, и относительно него я оцениваю себя. Я открываю, что Высший свет, Творец, — дающий и добрый по отношению ко мне, а я, наоборот, — получающий и желающий Его проглотить и использовать. Сравнивая себя с Ним, я раскрываю пропасть, которая нас разделяет, и тогда во мне открывается стыд!

Это и есть подлинное творение. Оно чувствует себя самостоятельным и отделенным от Дающего, понимает свою противоположность Ему, доходит до ощущения, что не способно оставаться в таком состоянии, не может себя оправдать и потому делает **сокращение (цимцум)** — изгоняет из себя свет.

Все это происходит в Малхут мира Бесконечности, которая страдает от того, что не может быть такой, как Творец, и не умеет любить, как Он. Поэтому все развитие после **Первого сокращения (Цимцум Алеф — ЦА)** в итоге приводит нас к любви — к тому же отношению, с каким Творец обращается к нам.

Все исходит из Цимцум Алеф. Решение сделать сокращение — это единственное решение, которое движет всем мирозданием и приводит его к конечному исправлению. Поэтому, ощущение стыда было тем самым взрывом, из которого возникло мироздание и прошло весь путь, вниз до этого мира и обратно наверх.

Наши эгоистические желания никогда не наполнятся, поэтому Первое сокращение никогда не отменится. Наполняются другие желания — келим отдачи, которые ты строишь выше своего желания насладиться.

# Международная академия каббалы

Международная академия каббалы (МАК) основана в 2001 году профессором Михаэлем Лайтманом. Основная цель организации: изучение и раскрытие законов мироздания, постижение которых приведет к решению как личных проблем каждого человека, так и глобальных проблем всего общества. Филиалы Академии открыты в 52 странах мира.

### Сайт Международной академии каббалы
### www.kabbalah.info/rus

Сайт академии каббалы отмечен энциклопедией «Британика» как один из крупнейших учебно-образовательных интернетресурсов по числу посетителей, количеству и информативности материала. Он доступен пользователям на 30 языках и насчитывает 4.5 миллиона посетителей в месяц.

### Блог Михаэля Лайтмана:
### www.laitman.ru

По словам автора, каббала стала обретать практические формы, ее уже можно применять всем и каждому, а не только специалистам-каббалистам. Так ли это — вы можете проверить сами на ежедневно обновляемом блоге.

**Книжный интернет-магазин**

Бесплатная курьерская доставка в тринадцати городах России. Почтовая доставка по всей России, а также в страны СНГ и Балтии.

Вы можете разместить заказ на сайте или позвонить по телефонам:

**Россия** www.kbooks.ru
8-800 100-21-45 (звонки по России бесплатно)
+7 (495) 649-62-10

**Израиль** www.kbooks.co.il/ru
+972 (3) 921-7172;
+972 (545) 606-810

**Америка** www.kabbalahbooks.info
+1 (646) 435-0121

**Канада** www.kabbalahbooks.info
+1-866 LAITMAN

**Австрия** +43 (676) 844-132-200

Заказ книг и учебных материалов **на английском языке**: +1-866 LAITMAN

**Телеканал в интернете — «Каббала ТВ»**
www.kab.tv/rus

Ежедневная прямая трансляция уроков профессора Михаэля Лайтмана с синхронным переводом на 7 языков. Фильмы, клипы, передачи о каббале.

## Курсы дистанционного обучения
## www.kabacademy.com

Все материалы сайта находятся в открытом доступе, предусмотрено подключение к лекциям в режиме онлайн и прямое взаимодействие с преподавателем.

По окончании обучения студент получает диплом и возможность участия в конгрессах, проводимых академией в разных странах мира.

## Online-курс «Основы науки каббала»
## www.edu.kabacademy.com

Дистанционный Online-курс курс «Основы науки каббала» — 30 увлекательных уроков в прямом эфире. Обучение и общение, теория и практика.

Специальный Online-курс «Подготовка к изучению Книги Зоар» — ступень к знакомству с Книгой Зоар – главной книгой науки каббала.

## Очная форма обучения

Вы можете получить информацию об очном курсе в вашем городе и записаться на курс занятий.

**Израиль**  тел.: 1-700-509-209, 03-921-71-72
e-mail: kabrus77@gmail.com

**Россия**
Москва  тел.: +7 (495) 979 0131
e-mail: mak_moskow@kabmir.com

Санкт-Петербург тел.: +7 (812) 970-4065
e-mail: piter620@gmail.com

Екатеринбург  тел.: +7 912 666 00 64
e-mail: ekaterinburg.kab@gmail.com

**Украина**  тел.: 063-735-35-92, 048-735-35-92
e-mail: mak@kabmir.com

**Беларусь**  тел.: +375 29 357-58-50 (Велком),
+375 29 775-73-16 (МТС)
e-mail: bbminsk@kabmir.com

**Германия**  тел.: 0160-950-71-090
e-mail: kabrus77@gmail.com

Михаэль Лайтман

## Открываем ЗОАР
### Буквы

Некоммерческий фонд
«Институт перспективных исследований»

Редактор: *А. Ицексон*
Корректор: *П. Календарев*
Художественное оформление: *А. Сопов*
Выпускающий редактор: *С. Добродуб*

ISBN 978-5-91072-021-7

Подписано в печать 05.07.2010.
Формат 60x90/16
Печать офсетная. Печ. л. 10
Тираж 3000 экз.
Заказ № .
Отпечатано с готовых файлов заказчика
в ОАО «Рыбинский Дом печати»
152901, г. Рыбинск, ул. Чкалова, 8.

www.ingramcontent.com/pod-product-compliance
Lightning Source LLC
LaVergne TN
LVHW011944070526
838202LV00054B/4790